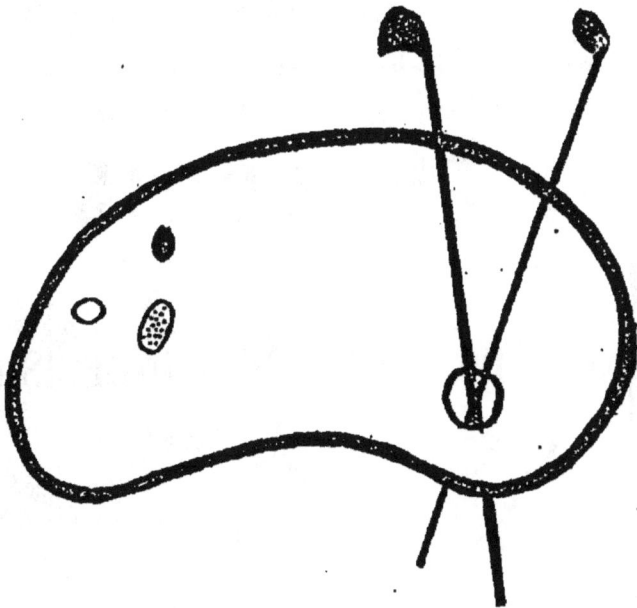

DEBUT D'UNE SERIE DE DOCUMENTS
EN COULEUR

BIBLIOTHÈQUE DES ÉCOLES CHRÉTIENNES
3ᵉ SÉRIE

FRANÇOIS

ou

LES DANGERS DE L'INDÉCISION

par

JUST GIRARD

TOURS
Aᵈ MAME ET Cⁱᵉ, IMPRIMEURS-LIBRAIRES

BIBLIOTHÈQUE DES ÉCOLES CHRÉTIENNES — 3e SÉRIE

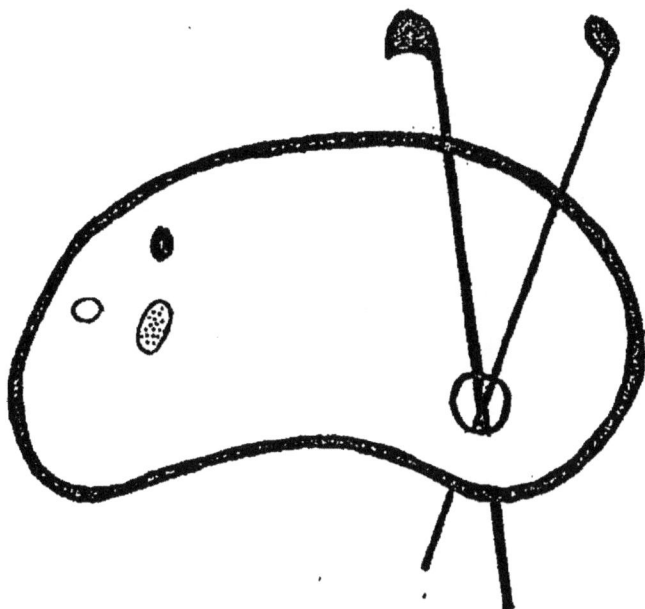

FIN D'UNE SERIE DE DOCUMENTS
EN COULEUR

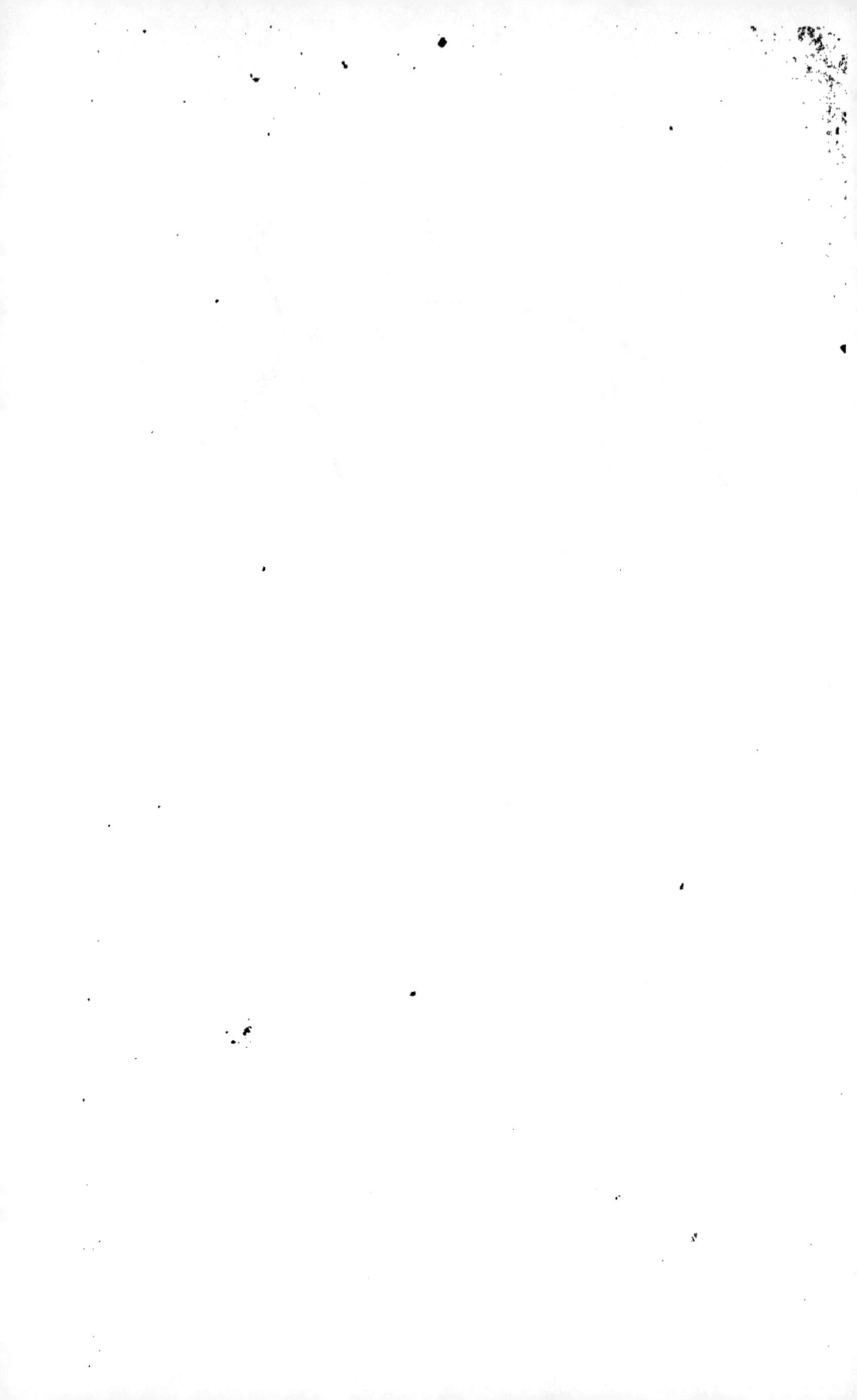

BIBLIOTHÈQUE

DE LA

JEUNESSE CHRÉTIENNE

APPROUVÉE

PAR Mᵍʳ L'ARCHEVÊQUE DE TOURS

—

4ᵉ SÉRIE IN-12

PROPRIÉTÉ DES ÉDITEURS

Il brandissait sa pipe monstrueuse comme une arme menaçante pour appuyer ses arguments. (P. 128.)

FRANÇOIS

OU

LES DANGERS DE L'INDÉCISION

PAR

JUST GIRARD

NOUVELLE ÉDITION

TOURS

ALFRED MAME ET FILS, ÉDITEURS

1877

FRANÇOIS

ou

LES DANGERS DE L'INDÉCISION

I

Le médecin de campagne.

C'était un bien brave et bien digne homme que ce bon M. Brioude, le médecin de Saint-O..., en Poitou; il me semble encore le voir, monté sur son maigre cheval, traverser en trottinant les rues du bourg, pour aller faire ses visites aux malades des environs. Comme tout le monde, hommes et femmes, vieillards et enfants, s'empressaient de le saluer ! et lui, avec quelle bien-

veillance et quel sourire plein de bonhomie
il rendait le salut à chacun ! Il était rare
qu'il n'échangeât pas, tout en marchant,
quelques paroles avec l'un et avec l'autre ;
parfois même il se permettait le mot pour
rire ou quelque innocente plaisanterie. Tout
le monde, en un mot, l'aimait et l'esti-
mait, ce bon docteur... Mais, à propos,
était-il réellement docteur ? Ma foi, je n'en
sais rien, car je n'ai jamais vu son diplôme,
et je crois que personne ne l'a vu plus que
moi. Du reste, les paysans s'en inquiétaient
fort peu, et ils lui avaient donné toute leur
confiance sans s'informer s'il était muni de
parchemins scellés par la faculté. Il avait
été aide-major dans un régiment ; c'était
tout ce qu'on savait de ses antécédents mé-
dicaux. Il avait quitté le service militaire
pour venir s'établir dans le pays, où il
avait épousé une des plus riches héritières
de la commune, fille de l'ancien médecin
de Saint-O... Il avait naturellement hé-
rité de la clientèle de son beau-père, et
depuis vingt-cinq ans M. Brioude exerçait
paisiblement la médecine dans le bourg de

Saint-O... et dans les villages voisins, à la satisfaction générale.

Un jour, un grand et beau jeune homme d'une trentaine d'années, à la figure pâle et encadrée d'un collier de barbe noire, qui faisait encore ressortir la blancheur de son teint, portant des gants beurre frais, un habit noir coupé à la dernière mode, un pantalon à sous-pieds et des bottes vernies, se présenta chez M. le maire de Saint-O... Il se fit annoncer sous le nom de docteur Castel, et déclara à ce magistrat qu'il venait se fixer à Saint-O... pour y exercer la médecine ; en même temps il lui remit son diplôme de docteur-médecin de la faculté de Paris, en le priant de l'enregistrer conformément à la loi.

M. le maire fit un accueil poli, mais froid, au nouveau venu. Il était ami intime de M. Brioude, et il craignait pour lui un redoutable concurrent dans ce jeune et élégant médecin, dont la mise soignée, la parole facile et mielleuse, faisaient un contraste si frappant avec les manières simples et sans façon du vieux praticien.

Après avoir pris connaissance de la pièce qui lui était présentée, M. le maire se hasarda de dire au jeune docteur :

« Je suis bien aise de voir un homme honorable de plus se fixer dans notre commune ; mais je crains que, comme médecin, vous ne trouviez pas facilement à exercer vos talents ; car la population est peu nombreuse, peu riche, et nous avons déjà un médecin qui suffit à peu près aux besoins du pays, dont il a du reste toute la confiance.

— Vous voulez parler sans doute de M. Brioude, reprit le jeune homme d'un air assez dégagé et presque méprisant ; mais je vous ferai observer qu'il n'est pas médecin, et qu'il n'est que simple officier de santé.

— Je le sais, répondit le maire d'un ton sec ; mais il n'en a pas moins le droit d'exercer la médecine, et l'expérience qu'il a acquise par une longue pratique justifie l'estime générale dont il jouit, et qu'il mérite sous tous les rapports. »

Le docteur Castel s'aperçut qu'il faisait

fausse route, et s'empressa de revenir sur ses pas.

« Je n'ai rien voulu ôter du mérite de M. Brioude, s'empressa-t-il de répondre ; je lui rends toute justice comme à un excellent praticien ; seulement j'ai voulu dire que, comme simple officier de santé, il est des circonstances où il ne doit opérer qu'en présence et avec le concours d'un docteur ; autrement il encourrait une grave responsabilité. Eh bien, dans ces cas-là, il est toujours utile d'avoir sous la main un docteur, et c'est pour remplir ce vide que je me suis décidé à m'installer ici.

— Ah ! si c'est pour seconder M. Brioude, reprit le maire en souriant, que vous voulez vous établir dans cette commune, je n'ai rien à dire ; seulement je vous engage à vous entendre avec lui ; et je vous ferai en même temps observer que c'est un homme très-prudent, qui connaît ses devoirs et les remplit avec autant de zèle que de scrupule. Depuis vingt-cinq ans qu'il exerce dans cette commune, sans doute il s'est montré plus d'une fois des circonstances de la nature de

celles dont vous venez de parler; dans ces
cas-là il s'adressa à un de ses confrères du
chef-lieu, et je ne doute point que, si vous
pouvez vous entendre, il ne préfère appeler
quelqu'un qu'il aurait sous la main, comme
vous le disiez tout à l'heure, à faire venir
un médecin de la ville. »

Cette espèce de rôle subalterne que M. le
maire entendait faire jouer au nouveau
docteur, ne lui convenait nullement. Il se
sentait humilié, lui qui avait cru éblouir
tout le monde avec son diplôme de la faculté de Paris, de voir un maire de village
le mettre de niveau, que dis-je? au-dessous
d'un simple officier de santé. Cependant il
dissimula son mécontentement, remercia
M. le maire de ses bons avis, le salua poliment et se retira.

En sortant de chez le maire, le docteur
Castel visita le curé, le juge de paix, le re-
ceveur de l'enregistrement, le percepteur,
le notaire, toute l'aristocratie de l'endroit.
Il ne parla plus que modestement de son diplôme, et n'entendit partout que des éloges
du *docteur* Brioude. Docteur ! se disait-il en

lui-même, ces gens de campagne sont-ils simples de l'appeler docteur ! Enfin, il faut bien s'accoutumer à leur langage.

Il distribua ensuite un nombre assez considérable d'exemplaires de la thèse qu'il avait soutenue pour son admission au doctorat ; c'était une dissertation scientifique, où l'auteur abordait les questions les plus ardues de la pathologie, car le docteur Castel était véritablement instruit. Mais personne ne la comprit ou ne se donna même la peine de la lire, et il eut la douleur de voir, un jour qu'il entra chez un épicier, les feuillets de sa thèse pliés en cornets et en sacs pour envelopper du poivre et du café.

Bien d'autres à sa place se seraient découragés et auraient quitté le pays ; mais le docteur Castel était un homme ferme dans ses résolutions, et qui ne se laissait point abattre par des obstacles qui eussent effrayé un homme vulgaire. M. Brioude, se disait-il, se fait vieux. Il est impossible qu'il puisse longtemps encore mener une vie aussi pénible ; car il est à cheval du matin

au soir, et quelquefois une partie de la nuit.
D'un moment à l'autre, la fatigue, quelque
accident, une infirmité, le forceront à se reposer; alors je serai là, et nécessairement
on aura recours à moi. Il est vrai qu'il
compte se faire remplacer par son fils; mais
le jeune homme est encore au collége, et
d'ici à ce qu'il ait fini ses classes et fait son
cours de médecine, il est impossible qu'il
ne se présente pas des occasions de me
mettre en évidence.

Il loua donc une maison, qu'il menbla
avec élégance, et s'installa résolûment à
Saint-O...

II

La femme du médecin de campagne.

Le docteur Brioude (nous continuerons
de lui donner ce titre, quoique nous sa-
chions maintenant qu'il n'y avait pas tout
à fait droit) ne parut pas s'apercevoir de
l'arrivée d'un confrère dans le pays. Sa
gaieté n'en fut pas un instant altérée, ni sa
clientèle diminuée. Quant à Mme Brioude,
sa femme, elle fut profondément affectée
de cet événement. C'était une femme vive,
emportée, passablement revêche et aca-
riâtre; il fallait toute la patience, toute la
douceur de son mari pour pouvoir vivre

avec elle. Au fond, cependant, elle n'était
pas méchante; elle se fâchait, criait, tem-
pêtait pour un rien, puis s'apaisait aussi facilement, et alors elle devenait taciturne,
elle s'irritait contre elle-même, contre son
mauvais caractère, mais elle ne se corrigeait
pas.

Quand elle apprit l'arrivée d'un nouveau
médecin, elle s'emporta contre son mari,
lui reprochant de n'avoir pas voulu, dans
le temps, se donner la peine de prendre un
diplôme de docteur, ce qui aurait bien certainement ôté à qui que ce fût l'idée de venir s'établir dans le pays en cette qualité.
Puis elle lui reprocha, ceci était un de ses
griefs habituels, de ne pas se faire payer le
plus souvent de ses visites ni de ses médicaments (car il faut observer que, comme il
n'y avait point de pharmacien dans le pays,
M. Brioude fournissait et manipulait lui-
même les médicaments qu'il prescrivait à
ses malades).

« Oui, ajouta-t-elle, si depuis vingt-cinq
ans tu t'étais fait payer régulièrement, nous
aurions aujourd'hui une brillante fortune

à laisser à notre enfant; il pourrait se passer de la médecine pour vivre ou prendre un autre état, et je me moquerais bien de l'arrivée de ce blanc-bec qui vient nous couper l'herbe sous le pied.

— Mais, ma femme, répondit le docteur, il me semble dans tous les cas que notre François ne sera pas à plaindre un jour, et qu'il aura une assez belle fortune pour ne pas être obligé pour vivre de compter sur le produit de son travail.

— Grâce à qui ? ce n'est certainement pas à toi, qui fais de la médecine en amateur, et qui voudrais peut-être que ton fils t'imitât un jour; mais j'y mettrai ordre, si le bon Dieu me fait la grâce de me laisser vivre. En attendant, puisque voilà un nouveau médecin dans le pays, dorénavant il faut faire immédiatement rentrer tout ce qui nous est dû, car il est probable que tu ne vas plus avoir d'autre ouvrage à faire que celui-là; ou si tu ne veux pas t'en occuper, je m'en chargerai moi-même.

— Ce serait, ma chère amie, le meilleur

moyen de faire passer toute ma clientèle à mon concurrent.

— Et si elle y passe sans cela ?

— Ce sera le cas de réclamer ce qui m'est dû, et alors je te donne carte blanche. Tu sais que les paysans connaissent parfaitement ce proverbe : *Quand on quitte les maréchaux, il faut payer les vieux clous.* »

Il ne fallait rien moins que cette considération pour arrêter Mme Brioude. Elle savait, en effet, qu'il n'y avait presque pas une famille du bourg et des environs qui n'eût un compte arriéré avec son mari ; car c'était elle-même qui tenait note de ses visites et de ses fournitures de médicaments. C'était elle aussi qui recevait les à-compte en espèces ou en nature; car souvent les paysans, au lieu d'argent, donnaient des denrées. Souvent aussi, à l'insu de son mari, elle pressait les retardataires; jamais il n'arriva une seule fois à ce bon M. Brioude de réclamer de paiements à ses clients. Combien de fois même, lorsqu'un de ses malades peu fortuné lui disait :

« Mon Dieu, monsieur le docteur, Mme Brioude nous réclame de l'argent que nous vous devons depuis bien longtemps; mais nous ne pouvons pas travailler; dites-lui qu'elle ait patience, et dès que nous le pourrons nous nous acquitterons.

— Allons, mes enfants, ne vous tourmentez pas; tenez, répondait le bon docteur en tirant de sa poche une pièce de cinq ou de dix francs, portez cela à Mme Brioude, ce sera le meilleur moyen de la faire patienter; mais surtout gardez-vous bien de dire d'où vous vient cet argent. »

Dieu seul connaît le nombre des actes de charité de cette espèce pratiqués par le docteur Brioude. Si sa femme s'en était doutée, quelles scènes épouvantables elle lui aurait faites!

Enfin, quand elle vit les semaines et les mois s'écouler sans que les occupations de son mari diminuassent, et sans entendre dire que le docteur Castel eût été appelé pour un seul malade, ses craintes commencèrent à se calmer.

« Ah! si cela pouvait durer jusqu'à ce

que mon Fanfan (c'était ainsi qu'elle appelait son fils François) eût aussi reçu son diplôme de docteur ! Je me moquerais bien alors de tous les Castel et de tous les autres qui voudraient venir nous faire concurrence. »

Mme Brioude aimait son fils d'un amour aveugle ; elle ne voyait que ses qualités, et n'apercevait aucun de ses défauts. Pour lui seul, elle n'avait pas cette humeur difficile qui faisait le tourment de son mari et des personnes obligées de vivre avec elle. Tout ce qu'il faisait, tout ce qu'il disait était toujours bien, toujours parfait. Le fait est que cet enfant annonçait dès ses premières années les plus heureuses dispositions. Il était intelligent et spirituel ; son cœur était doué de bons sentiments ; mais son caractère était fantasque, variable, et ne savait se fixer à rien. Du reste, ses qualités surpassaient ses défauts, et, sous une direction intelligente et ferme, il eût été facile de développer les unes et de corriger les autres.

Malheureusement le papa Brioude, uniquement occupé de ses malades, passant presque toutes ses journées en courses, n'avait pas eu le temps de veiller à la première éducation de son enfant. Il avait laissé ce soin à sa femme, qui d'ailleurs ne lui eût pas permis de s'en mêler. Nous n'avons pas besoin de dire que l'enfant fut complétement gâté par sa mère, qui cédait à tous ses caprices.

Enfin vint l'âge de le mettre au collége. Heureusement Mᵐᵉ Brioude eut l'idée de placer son fils dans un établissement renommé où les jeunes gens des meilleures familles du Poitou faisaient leur éducation. C'était le collége de Bloussac, dirigé par le savant et vénérable abbé Gérier.

Ni la bonne tenue de la maison, ni les qualités éminentes de son directeur, ni les succès des élèves formés par ses soins n'étaient entrés en considération pour déterminer le choix de Mᵐᵉ Brioude ; le seul motif de sa préférence était la vanité. Elle savait que M. le comte de ***, que Mᵐᵉ la marquise de B..., que M. le baron d'O..., que M. le premier président de la cour de P... y avaient placé leurs enfants; elle voulait que son fils eût pour camarades de classes les enfants des premières familles de la province, et reçût la même éducation qu'eux.

———

III

Le fils du médecin.

Quoi qu'il en fût des motifs qui avaient décidé Mme Brioude, son fils reçut au collége de Bloussac une bonne éducation et eut des succès brillants dans ses études. L'habile directeur de cet établissement avait promptement reconnu les qualités et les défauts de cet enfant; il s'était appliqué à gagner sa confiance et à prendre un certain ascendant sur cette volonté changeante et capricieuse; enfin il était parvenu, non sans peine, à corriger les vices d'une première éducation en lui inspirant des sentiments religieux propres à le fortifier dans le bien, en lui donnant du goût pour l'ordre et le travail, en développant son intelligence, et en ornant son esprit de connaissances utiles et variées.

Aussi, lorsque François sortit à dix-huit ans du collége pour retourner dans sa famille, après sept ans d'absence (car il n'y avait pas de vacances au collége de Bloussac), tous les habitants de Saint-O... le proclamèrent un jeune homme accompli. Sa mère était dans le ravissement. Comme elle était fière en le conduisant faire des visites chez tous ses amis et connaissances du pays ! Comme elle s'enivrait des éloges qu'il recevait ! Avec quelle adresse elle savait les provoquer au besoin, et y ajouter elle-même quand elle ne les trouvait pas suffisants !

Il y avait de quoi tourner une tête plus forte que celle de François. Aussi sa vanité, qui avait eu souvent à souffrir au collége, se trouva désormais à l'aise, et il se crut dès lors un personnage hors ligne.

Le père Brioude était aussi tout disposé à

regarder son fils comme un phénix ; seulement il mettait plus de retenue que sa femme dans l'expression de son admiration pour lui ; il se contentait de dire : « J'espère que j'aurai un bon remplaçant plus capable que moi, et, ma foi, quand ce moment-là sera venu, je ne serai pas fâché de me reposer un peu. »

Le brave homme n'avait pas d'autre ambition, et certes elle était fort naturelle.

Mais Mme Brioude avait bien d'autres vues. Elle était convaincue que son fils, avant peu d'années, atteindrait les sommités de la science, et que son nom serait inscrit à côté, sinon au-dessus, des Bichat, des Pinel, des Dupuytren, des Dubois, des Richerand, des Larrey, et autres célébrités médicales ; et elle se demandait consciencieusement si ce ne serait pas un meurtre que de vouloir en faire un médecin de village, tandis qu'il avait sa place marquée à Paris, ou tout au moins dans quelque grande ville comme Lyon ou Bordeaux. Elle commençait même à en vouloir moins au docteur Castel de s'être fixé dans le pays,

1*

et à s'accoutumer à la pensée de le voir remplacer son mari, toutefois quand celui-ci
ne pourrait plus travailler.

Ce nouveau courant d'idées l'entraîna
même à une démarche qu'aucune considération ne l'aurait déterminée à faire quelque
temps auparavant. M. Castel, à son arrivée
dans le bourg, s'était présenté deux fois
chez M. Brioude sans le rencontrer, et lui
avait laissé sa carte. M. Brioude avait rendu
les deux visites de la même manière; et
leurs relations s'étaient bornées· à cette
simple formalité.

Mme Brioude s'imagina de présenter son
fils au jeune docteur; c'était moins, comme
on le pense bien, dans l'intention de lui
faire une politesse et de nouer avec lui des
relations, que pour le narguer en quelque
sorte, et lui faire voir dans ce jeune
homme un sujet qui serait bientôt en état
de rendre au docteur Castel l'espèce de
dédain que celui-ci avait montré à son
père.

Soit qu'il soupçonnât ou non les intentions de Mme Brioude, M. Castel accueillit

la mère et le fils de la manière la plus gracieuse. Il félicita le jeune homme de ses
succès au collège, qui lui en présageaient de
plus importants dans la suite; il félicita la
mère d'avoir un fils dont elle avait juste-
ment sujet d'être fière, et qui réaliserait un
jour ses plus douces espérances. Mme Brioude
était tentée d'abord de regarder ces compliments comme du persiflage; mais il y avait
tant de naturel et de simplicité dans les
paroles de M. Castel, qu'elle finit par les
prendre au sérieux, et qu'elle ne put s'empêcher de dire en sortant : « Ma foi, je ne
le croyais pas si aimable. »

François, de son côté, fut enchanté du
jeune docteur, et il se promit bien de répondre à l'invitation qu'il lui avait faite de
venir le revoir avant son départ pour Paris,
fixé au mois de novembre suivant.

Cependant, au milieu de ce concert d'é-
loges, les parents du jeune François reçu-
rent un avertissement grave, qui aurait dû
les faire réfléchir et les déterminer à suivre
les avis que leur donnait une voix véritablement amie de leur enfant.

M. l'abbé Gérier, le directeur du collége de Bloussac, répondant à une lettre que M. Brioude lui avait écrite pour le remercier des soins qu'il avait donnés à son fils, lui disait :

« Personne plus que moi ne désire voir
« notre cher François marcher avec succès
« dans la carrière à laquelle vous le desti-
« nez. Je dis *notre* François; vous me per-
« mettrez cette expression, parce que je
« regarde tous mes élèves comme mes en-
« fants, et ma sollicitude les suit longtemps
« après qu'ils m'ont quitté. Je m'intéresse
« à leurs travaux, à leurs entreprises ; je
« m'afflige des déceptions qui les attendent
« trop souvent, comme je me réjouis de la
« réussite qui couronne leurs efforts.

« Vous me dites que ses succès au collége
« sont à vos yeux une garantie de ses suc-
« cès à venir. Hélas ! c'est l'illusion ordi-
« naire de tous les pères, illusion que
« j'ai moi-même longtemps partagée, qui
« m'entraîne encore quelquefois, malgré
« l'expérience trop fréquente que j'ai faite
« de son apparence trompeuse.

« Non, mon cher Monsieur, les couronnes
« obtenues au collége ne sont pas des ga-
« ranties pour l'avenir; elles ne sont que
« de simples promesses. Elles ressemblent
« à ces fleurs qui au printemps couvrent les
« arbres de nos vergers d'une neige éblouis-
« sante et parfumée; une gelée d'avril ou
« un vent froid du nord suffit pour les flé-
« trir, et quand vient l'automne on cherche
« en vain les fruits que promettait cette
« brillante floraison. Il en est malheureu-
« sement ainsi de bien des jeunes gens.
« Quand ils n'ont encore donné que les
« fleurs de leur printemps, ils se trouvent
« lancés dans un monde tout nouveau pour
« eux, exposés sans abri au souffle dévo-
« rant des passions, qui flétrit dans leur
« germe ces fleurs, naguère la joie et l'or-
« gueil de leur famille.

« Ainsi, à l'égard de notre cher François,
« ne vous faites pas illusion sur ses succès
« classiques, vous pourriez être cruellement
« déçu à l'avenir. C'est parce que je le con-
« nais, que j'ai étudié avec soin son ca-
« ractère, que je me permets, dans son in-

« térêt, de vous faire part de mes craintes,
« tout en vous indiquant les moyens que je
« crois propres à en prévenir la réalisa-
« tion.

« Sans avoir une aptitude prononcée pour
« telle ou telle science, votre fils est doué
« d'heureuses dispositions qui, si elles sont
« développées par un travail soutenu et
« des études bien dirigées, le feront réus-
« sir dans la carrière qu'il embrassera. Il a
« une excellente mémoire, l'intelligence
« prompte, le travail facile, mais en même
« temps une mobilité et une légèreté d'es-
« prit extraordinaires, qui l'empêchent de
« se fixer à rien. Ce sont, me direz-vous,
« des défauts que l'on rencontre assez ordi-
« nairement chez les enfants ; cela est vrai,
« mais je les ai vus rarement portés aussi
« loin que chez François. Comptant sur sa
« mémoire, sur sa facilité, dans le commen-
« cement de son séjour dans notre maison,
« jamais il ne se décidait à travailler qu'à
« la dernière extrémité, quand toutefois il
« s'y décidait; car, à force de temporiser, il
« finissait par ne point faire de devoirs écrits

« ni apprendre de leçons. Peu à peu il aurait
« ainsi contracté l'habitude de la paresse
« et de la fainéantise, si je n'y avais mis
« bon ordre. Averti par ses professeurs et
« ses maîtres d'étude, je me suis attaché à
« le surveiller d'une manière toute parti-
« culière. A force de soins et de patience,
« en employant tour à tour et selon les
« circonstances la douceur et la sévérité,
« tantôt en excitant son amour-propre,
« tantôt en parlant à son cœur, je suis par-
« venu à me rendre en quelque sorte maître
« de son esprit, à diriger sa volonté, et à
« en obtenir un travail suivi et des études
« sérieuses. Toutefois je ne saurais me flat-
« ter d'avoir corrigé ses défauts; il y a sans
« doute dans son caractère moins de mo-
« bilité, de légèreté, d'étourderie qu'autre-
« fois; mais il y est resté une hésitation,
« une indécision qui peuvent avoir pour
« lui des conséquences funestes. C'est l'in-
« dice d'une âme encore faible et qui man-
« que d'énergie, d'un esprit timide et dénué
« de fermeté. L'âge, l'expérience et surtout
« la pratique des devoirs religieux, corrige-

« ront ces défauts; mais en attendant il a
« besoin d'un guide sûr, qui prenne de
« l'empire sur son cœur, de l'ascendant sur
« son esprit, et qui dirige d'une main ferme
« cette volonté indécise.

« Je crois avoir trouvé ce Mentor, si né-
« cessaire à notre jeune Télémaque, pour
« le piloter sur cet océan rempli d'écueils
« où il va se trouver lancé à l'âge de dix-
« huit ans, c'est-à-dire à l'âge où com-
« mence à gronder l'orage des passions.
« La personne dont je veux vous parler
« est un homme de quarante-cinq ans,
« fort instruit, très-pieux, aimant la jeu-
« nesse et sachant s'en faire aimer. Il se
« nomme M. Dubouloy, et il tient à Paris,
« dans le quartier des Écoles, une pension
« où il n'admet pas plus de quinze à vingt
« jeunes gens choisis et qui lui sont spé-
« cialement recommandés; ce sont des étu-
« diants en droit ou en médecine, ou qui
« suivent les cours de la Sorbonne ou du
« collége de France. Ces jeunes gens, comme
« vous le pensez bien, ne sont pas tenus
« comme les écoliers d'un lycée ou d'une

« institution. Ils jouissent de la même li-
« berté qu'un fils de famille aurait chez des
« parents chrétiens et qui veilleraient avec
« soin sur leur enfant.

« Si ma proposition vous convient, je
« me charge de faire entrer François chez
« M. Dubouloy. Je le connais depuis plus
« de vingt ans, et chaque année je place
« chez lui un certain nombre de mes élèves.
« François trouverait là plusieurs cama-
« rades, entre autres le jeune Alphonse de
« Grancourt, avec lequel il était très-lié au
« collége, Henri de Longpré et deux ou trois
« autres de ses amis. Ainsi il ne serait point
« isolé et livré à lui-même au milieu de
« cette ville immense, isolement que je re-
« doute surtout pour lui. Il se croirait, pour
« ainsi dire, en famille ; car M. Dubouloy et
« sa femme ont pour leurs pensionnaires
« toute la sollicitude d'un père et d'une
« mère. Le mari surveille leurs travaux,
« leur donne des encouragements et des con-
« seils, prend part quelquefois à leurs diver-
« tissements, et leur en procure même sou-
« vent d'intéressants et de convenables. La

« femme s'occupe avec une vigilance toute
« maternelle de ces mille petits détails qui
« sont du ressort d'une ménagère et d'une
« bonne mère de famille.

« Je ne vous en dirai pas davantage ; en
« voilà bien assez, je pense, pour vous faire
« comprendre de quelle importance il serait
« pour votre fils de rencontrer, pendant
« les quatre ans au moins que durera son
« cours de médecine, une maison où il re-
« cevrait tout à la fois les soins nécessaires
« à entretenir et à fortifier la santé de son
« âme et de son corps.

« Veuillez me faire connaître avant huit
« jours au plus tard votre détermination ;
« car le nombre des places chez M. Du-
« bouloy étant limité, comme je vous l'ai
« dit, elles sont toujours retenues long-
« temps d'avance.

« J'ai l'honneur, etc.

IV

Où François nous donne un échantillon
de son caractère indécis.

Après avoir pris connaissance de cette
lettre, que lui communiqua son mari,
Mme Brioude s'écria : « Est-il ennuyeux, ton
abbé Gérier! que vient-il nous radoter toujours des défauts de Fanfan? Eh! mon Dieu,
qui est-ce qui n'a pas ses défauts? N'en a-t-il
point lui-même? Quand ce ne serait que celui de faire des sermons à tout propos et
sur tout sujet; car ce n'est pas une lettre,
c'est un sermon qu'il t'a écrit.

— Sermon tant que tu voudras, reprit
son mari, mais il y a du bon et du vrai;
François n'a pas encore assez de maturité

pour être livré à lui-même, et la proposition qu'il nous fait de le placer chez M. Dubouloy me paraît on ne peut plus raisonnable.

— Pas assez de maturité! répliqua
Mᵐᵉ Brioude de son ton aigre-doux. Ne di-
rait-on pas qu'il faille qu'un jeune homme
de dix-huit ans ait la gravité et la raison
d'un homme de cinquante! Fanfan est un
peu léger, étourdi, si l'on veut; mais c'est
de son âge : après tout il faut bien que jeu-
nesse se passe. Pourquoi se tuerait-il de
travailler si dans une heure il en fait autant
qu'un autre dans une journée? Pour moi,
je ne vois pas la nécessité de le mettre chez
ce M. Dubouloy, et de le renfermer encore
pendant quatre ans quand il vient déjà de
passer sept ans dans un collége. Pourquoi
ne pas le laisser jouir un peu de sa liberté?
S'il en abusait, ce que je ne crois pas, nous
aurions toujours le temps, dans trois mois,
dans six mois, dans un an, de le mettre dans
cette pension.

— Il serait trop tard; une fois qu'il aurait eu goûté de l'indépendance, il s'astrein-

drait difficilement à cette vie de contrainte;
puis je doute que M. Dubouloy voulût alors
le recevoir. Il serait beaucoup plus simple
de le placer d'abord dans cette pension, sauf
à l'en retirer au bout d'un certain temps
s'il ne pouvait s'y accoutumer, et si nous le
jugions en état de se passer de cette espèce
de tutelle. »

Après une assez longue discussion,
Mme Brioude finit par acquiescer à cette
sorte de transaction, mais à condition que
son fils serait consulté, et qu'il ne serait
placé chez M. Dubouloy que s'il y consentait.

Le mari, accoutumé à céder aux exigences
de sa femme, accepta la condition. En conséquence, on appela maître François; on lui
fit part de la proposition de M. l'abbé Gérier, sans toutefois lui lire la lettre, en lui
laissant la faculté de décider quelle réponse
y serait faite.

« Vous m'embarrassez fort, répondit le
jeune homme. Je me faisais depuis longtemps une fête de me trouver seul au milieu
de Paris, sans autre guide qu'une carte de
cette ville, de la parcourir ainsi pendant

quelques jours pour me former une idée de son ensemble, puis de visiter ses principaux monuments, et de m'initier peu à peu, mais par moi-même et par ma propre expérience acquise au jour le jour, à tous les secrets de l'existence parisienne. Les découvertes qu'on fait ainsi ont bien plus de piquant et vous causent une jouissance bien autrement agréable que quand une personne vous conduit d'un air distrait dans les rues, et vous dit, en vous les indiquant du doigt : Ceci est le Louvre; ceci les Tuileries; voici la colonne Vendôme; voici le dôme des Invalides; là-bas, ce sont les tours de Notre-Dame...

— Eh bien, qu'en dis-tu, monsieur Brioude? interrompit la mère d'un air rayonnant; n'est-ce pas là de la réflexion? Dira-t-on encore que mon fils a l'esprit trop léger, trop étourdi? Va, tu as raison, mon garçon; ton idée me plaît, et nous ne te mettrons pas dans une pension où tu serais privé de faire par toi-même ces découvertes qui te causeront tant de plaisir.

— Pardon, ma mère, je ne suis pas si

prompt à me décider. Je viens de vous dire ce que je me proposais de faire si je m'étais trouvé seul et libre en arrivant à Paris, et comment je comptais tirer parti de mon isolement et de ma liberté ; mais, d'un autre côté, je n'ai aucune répugnance pour la pension Dubouloy. J'en ai beaucoup entendu parler quand j'étais à Bloussac ; il paraît que les jeunes gens y sont parfaitement soignés et y jouissent de beaucoup d'agréments. D'abord, ce qui n'est pas à dédaigner, à Paris surtout, la nourriture y est fort bonne, et, quoique je ne sois pas très-délicat sous ce rapport (ceci n'était pas exact, car M. François était passablement gourmand de son naturel), le tableau qu'on m'a tracé des restaurants du quartier latin me donne des nausées rien que d'y penser. Puis il y a chez M. Dubouloy un vaste jardin où l'on peut se promener et étudier quand le temps le permet, ce qui est plus agréable et plus sain que de rester enfermé dans une petite chambre au cinquième ou au sixième étage ; puis on a de temps en temps des réunions, des concertos, et, pendant la belle saison, on va faire des excursions dans les environs de Paris, à Versailles, à Saint-Germain, à Montmorency. Enfin, et ceci serait plus capable de me décider, j'y trouverais le jeune vicomte de Grancourt, mon meilleur ami, qui se destine à la diplomatie; Henri de Longpré, qui a son entrée dans deux ou trois grandes maisons du faubourg Saint-Germain, et qui pourrait m'y présenter plus tard...

— En voilà assez, mon garçon, interrompit de nouveau Mme Brioude; tu m'en diras tant, que maintenant je suis tout à fait d'avis que tu entres chez M. Dubouloy; en conséquence, dès aujourd'hui ton père va écrire à M. Gérier de retenir ta place.

— Pas aujourd'hui, ma mère, reprit vivement François, ne précipitons rien; et, puisque vous me donnez la liberté du choix, laissez-moi réfléchir avant de me prononcer.

— Ah! voilà bien l'indécision que te reproche l'abbé Gérier, reprit M. Brioude mécontent. Pourquoi ne pas prendre tout de suite une résolution, surtout quand tu reconnais toi-même les avantages que t'offre la pension Dubouloy?

— Il a raison, répliqua Mᵐᵉ Brioude. Ce que toi et l'abbé Gérier vous appelez de l'indécision, moi je l'appelle de la prudence. Il a huit jours pour réfléchir : pourquoi le forcer de se prononcer avant d'avoir examiné le pour et le contre? »

L'avis de Mᵐᵉ Brioude prévalut, et il fut convenu que François aurait la huitaine pour délibérer.

Quand le délai fut près d'expirer, François n'avait pas encore fait connaître sa résolution. Son père le pressait, le sollicitait en vain de se déterminer; il demandait toujours un nouveau délai. Les huit jours se passèrent, et François était encore aussi indécis que le premier jour.

« Je ne puis pourtant, dit enfin M. Brioude à son fils, tarder plus longtemps de répondre à M. Gérier sans manquer aux règles les plus vulgaires de la politesse; et puisque tu n'as pas voulu te prononcer encore, je vais lui dire que je suis bien reconnaissant

de son offre, mais que je regrette beaucoup
de ne pouvoir l'accepter...

— Ne lui dites pas cela, mon père, interrompit François; car je suis bien décidé
à aller chez M. Dubouloy.

— Comment, tu es bien décidé?

— Oui, mon père.

— Mais pourquoi ne me l'avoir pas dit
il y a deux jours, quand il était encore
temps?

— Bah! qu'est-ce que deux jours de retard, quand nous avons encore six semaines
d'ici à la rentrée?

— Sans doute ce ne serait rien peut-
être avec un autre que M. l'abbé Gérier;
mais tu connais sa scrupuleuse exactitude
en tout et pour tout. Quand il a dit huit
jours, c'est huit jours, et non pas dix; je
crains donc qu'il ne se formalise avec raison de la négligence que nous avons appor-
tée à répondre à une offre toute bienveil-
lante de sa part, et que nous aurions dû
accepter avec tant d'empressement et de
reconnaissance.

— Je vous assure, mon père, que M. Gérier ne se formalisera pas; je le connais, il m'aime beaucoup, et il fera tout son possible pour m'être utile.

— Je le veux bien; mais enfin quelle excuse lui donner de cet inconcevable retard?

— Bah! dit Mme Brioude intervenant dans la discussion, te voilà bien embarrassé? Tu lui diras que tes nombreuses occupations ne t'ont pas permis de lui répondre plus tôt.

— C'est cela! il faudra que j'endosse encore la responsabilité des sottises de monsieur; mais ce serait une fort mauvaise excuse, comme sont toujours les excuses fondées sur le mensonge; car il ne manquerait pas de penser, s'il ne le disait pas, que je pouvais bien charger François ou toi-même de répondre à ma place. D'un autre côté, je ne peux pas lui dire la vérité; car il se moquerait à juste titre de ma faiblesse, d'avoir laissé à un jeune homme si peu rassis le soin de décider une question que je devais résoudre moi-même à l'instant. Dans cet embarras, je ne dirai pas un mot pour m'excuser; j'écrirai simplement une lettre comme j'aurais dû le faire le lendemain même du jour où j'ai reçu la sienne; je lui peindrai ma vive reconnaissance, et le prierai d'user de toute son influence auprès de M. Dubouloy pour l'engager à admettre François au nombre de ses pensionnaires. François ajoutera un *post-scriptum* dans lequel il remerciera M. Gérier de ses bontés, et lui témoignera en quelques mots tout le plaisir qu'il aura à se retrouver avec ses anciens camarades de collége.

— Eh bien, c'est cela, mon père, dit François. Vous avez parfaitement raison; il ne faut pas s'embarquer dans des excuses inutiles, et il vaut mieux aller directement au fait. J'espère que cela réussira; après tout, si nous sommes en retard, il faudra bien s'en consoler. »

Mme Brioude, voyant son fils d'accord avec son mari, n'eut garde de faire la moindre objection, et la lettre fut aussitôt écrite.

Peu de temps après on reçut la réponse de M. Gérier. Il disait qu'à la réception de la lettre de M. Brioude il s'était empressé

de faire part de sa demande à M. Dubouloy,
en la recommandant chaleureusement. Courrier par courrier, ajoutait-il, M. Dubouloy
m'a répondu en ces termes :

« Votre lettre, mon cher abbé, est arrivée
« un jour trop tard. Hier soir j'ai donné la
« dernière place vacante dans mon pension-
« nat; je regrette beaucoup de n'avoir pas
« reçu votre missive hier matin, j'aurais
« réservé cette place à votre protégé ; une
« autre fois tâchez de me prévenir un peu
« plus tôt, pour m'épargner la contrariété
« de refuser une demande recommandée
« par mon meilleur ami. »

« Vous voyez, mon cher Monsieur, conti-
nuait M. Gérier, que ce n'est pas ma faute,
et que si vous m'eussiez fait savoir vos intentions dans le délai que je vous avais fixé
par ma dernière, nous n'aurions ni vous ni
moi éprouvé ce désagrément. »

En même temps que le docteur Brioude
recevait cette lettre de M. l'abbé Gérier,
François en recevait une de son ami Alphonse de Grancourt, ainsi conçue :

« Je viens d'apprendre que notre digne

« directeur a écrit dernièrement à ton père
« pour lui proposer de te faire entrer dans
« la pension Dubouloy, où il a déjà retenu
« nos places pour Henri de Longpré, Maxime
« de Saint-Gervais et moi. Comme je ne
« doute pas de l'empressement que ton père
« et toi vous avez dû mettre à accepter
« cette proposition, je te regarde définiti-
« vement comme notre futur commensal,
« et je me réjouis d'avance de continuer
« à Paris le quatuor d'amis que nous for-
« mions à Bloussac. Dieu ! allons-nous nous
« amuser !... sans pour cela négliger de
« *piocher* comme des nègres ; mais c'est
« quand j'ai le plus ardemment travaillé
« que mon esprit est le mieux disposé à
« se divertir. Maxime et Henri, que j'ai
« vus ces jours-ci, et à qui j'ai annoncé
« la bonne nouvelle de notre prochaine
« réunion, en sont dans le ravissement.
« Maxime me charge de t'engager à faire
« une bonne provision des *calembours* les
« plus incroyables, les plus impossibles
« que tu pourras trouver ; car il veut te
« proposer un duel à cette arme, que, malgré

« les anathèmes du bon goût et de la raison,
« tant de gens d'esprit s'amusent encore à
« manier ; Henri et moi nous serons vos se-
« conds tout naturellement, quoique nous
« soyons bien loin d'être de force à lutter
« avec vous.

« Henri me charge de te communiquer
« un autre projet bien plus important que
« celui de Maxime. Il a imaginé, pour hâ-
« ter notre réunion et pour rendre notre
« voyage de Paris plus agréable, de nous
« entendre ensemble pour le faire en com-
« mun. Voici ce qu'il propose : au lieu de
« prendre la diligence, qui met deux mor-
« telles nuits et une grande journée pour
« se rendre de Poitiers à Paris (nous ferons
« observer à nos lecteurs que les chemins
« de fer n'existaient pas alors), nous pren-
« drons à nous quatre une voiture, et nous
« nous ferons conduire par des chevaux de
« poste. Nous ne voyagerons que de jour,
« nous arrêtant, si cela nous plaît, dans les
« villes que nous traverserons, le temps
« nécessaire pour en visiter les principales
« curiosités, et nous reposant toutes les

« nuits dans un bon lit, de sorte que nous
« arrivions à Paris frais, et non harassés
« de fatigue et de sommeil comme quand
« on voyage en diligence. Tout calcul fait,
« cette manière de voyager ne nous revien-
« dra guère plus cher que la diligence,
« et ce sera bien plus agréable; mais pour
« cela il faut être quatre, et je suis chargé
« de te proposer d'être ce quatrième, car
« Henri, Maxime et moi nous sommes déjà
« d'accord, et nous n'attendons plus que
« ta réponse pour fixer le jour de notre
« départ.

« J'oubliais de te dire que M. de Longpré
« nous prête sa chaise de poste; ainsi nous
« n'aurons point à payer le louage d'une
« voiture. »

Ces deux lettres désolèrent le pauvre
François.

« Ah! disait-il, si je m'étais décidé seulement vingt-quatre heures plus tôt!

— Voilà, lui dit son père, les effets cer-
tains de l'irrésolution et de l'indécision :
des regrets sans cesse renaissants et des
inquiétudes continuelles. Si du moins le

désappointement que tu éprouves aujour-
d'hui pouvait te servir de leçon et te corriger pour l'avenir, il n'y aurait encore que
demi-mal. »

V

Les conseils du docteur Castel.

François écrivit à son ami pour lui faire part de sa déconvenue, en lui peignant de la manière la plus expressive toute la contrariété qu'il ressentait.

Cependant la mobilité de son caractère n'offrait pas au chagrin assez de prise pour qu'il pût exercer sur son esprit une longue influence. Tout en donnant encore de temps en temps un regret au projet avorté de sa réunion avec ses amis, il en revint à sa première idée de vivre dans l'indépendance, et se mit à la caresser dans des rêves brillants et fantastiques.

Il était entretenu dans ces idées par le docteur Castel, avec qui il s'était lié depuis quelque temps. Cette liaison assez bizarre s'était formée de l'aveu et je dirai presque à l'instigation de Mme Brioude. Depuis que, par les motifs dont nous avons parlé, elle ne redoutait plus autant la présence de ce jeune docteur à Saint-O..., elle l'avait gracieusement accueilli quand il était venu lui rendre la visite qu'elle lui avait faite pour lui présenter son fils. Quand celui-ci lui témoigna le désir de retourner chez M. Castel, sous prétexte de lui demander quelques renseignements sur le séjour de Paris et la vie d'étudiant, non-seulement elle ne fit aucune objection, mais elle engagea même François à voir souvent avant son départ ce jeune homme, qui lui paraissait fort instruit et de bon ton.

M. Castel parut très-flatté de la confiance de François, et s'empressa de répondre, en entrant dans les détails les plus minutieux, à toutes les questions qu'on lui adressait.

Quand le futur étudiant en médecine fit part à son nouvel ami de la contrariété qu'il venait d'éprouver, celui-ci lui répondit en souriant : « Bah! vous vous chagrinez de cela! vous devriez plutôt vous en réjouir; car, entre nous, c'est un bonheur pour vous que le projet de votre ancien directeur n'ait pas réussi. Je ne connais pas la pension de M. Dubouloy; mais j'en ai connu d'autres de ce genre, et je puis vous affirmer que je n'aurais voulu pour aucun prix, même gratis, être admis dans ces sortes d'établissements. D'abord, ne vous imaginez pas qu'on y trouve ces soins maternels, ni ces petites délicatesses si vantées. Tout cela ne figure que sur le prospectus, et les chefs de ces maisons ne sont, comme tant d'autres, que des marchands de soupe en détail. Les uns ne s'occupent pas du tout des progrès de leurs pensionnaires, tout en faisant payer fort cher les prétendues répétitions qu'ils leur font donner par de prétendus professeurs. D'autres donnent eux-mêmes ces répétitions, et exercent sur leurs élèves une surveillance ou, pour mieux dire, un espionnage fatigant. Adieu la liberté du malheureux jeune homme condamné à vivre sous la férule de ces cuistres! Il ne peut disposer d'une seule minute de son temps sans être obligé d'en rendre compte à son Argus. » Il continua sur ce ton, pendant plus d'une demi-heure, à lui faire le tableau des misères, des taquineries de tout genre auxquelles, disait-il, un jeune homme était exposé dans ces sortes de maisons. Puis à côté il lui présenta, sous l'aspect le plus séduisant, la vie de l'étudiant libre, qui pouvait à son gré mêler l'étude au plaisir, le travail aux divertissements de son âge.

François goûtait parfaitement ces idées, et huit jours ne s'étaient pas écoulés qu'il s'applaudissait de n'avoir pu être reçu à la pension Dubouloy.

Un jour le docteur Castel, après avoir répondu à une foule de questions qu'il lui avait adressées sur l'école de médecine, sur la manière dont se faisaient les cours, sur les professeurs, sur leur mérite, leur réputation, leur caractère, lui dit tout à coup : « Vous êtes donc bien décidé, mon cher François, à faire votre cours de médecine? »

Jamais François ne s'était adressé cette
question, ou plutôt il n'y avait jamais pensé.
Il avait été élevé dès son enfance dans
l'idée qu'il devait succéder à son père, et
cette idée lui paraissait si naturelle, que la
discuter ou la mettre en doute ne lui était
jamais venu dans l'esprit. Sa mère lui avait
bien laissé entrevoir l'espérance qu'elle
avait conçue qu'il pourrait devenir un jour
un des princes de la science, et exercer ses
talents sur un plus grand théâtre qu'un
simple bourg comme Saint-O...; mais cela
supposait toujours l'étude de la médecine,
et sa mère, pas plus que lui, n'avait songé
à une autre carrière que celle de médecin.
Aussi la question du docteur Castel le sur-
prit-elle comme quelque chose de si étrange,
de si inattendu, qu'au lieu de lui répondre
il le regarda d'un air étonné, comme s'il ne
l'avait pas compris.

« Pardon, mon jeune ami, continua le
docteur sans attendre sa réponse, pardon
d'une question, ou plutôt d'une réflexion
qui m'est échappée malgré moi, et qui a
dû vous paraître assez singulière, j'en con-

viens. Mais cette question m'a été adressée
à moi-même par un savant médecin, jouis-
sant d'une réputation méritée par de longs
travaux, au moment où j'allais prendre une
première inscription à l'école. Il me fit un
tableau, que je croyais chargé et qui n'était
que trop vrai, de toutes les difficultés que
j'aurais à surmonter, des dégoûts que j'aurais à essuyer, des déceptions qui m'atten-
daient, et tout cela avant de pouvoir obtenir mon diplôme de docteur. Puis quand
vous en serez là, ajouta-t-il, quand vous
voudrez vous caser, d'autres embarras sur-
giront, d'autres déboires, d'autres déceptions mille fois plus poignantes que les premières. Mais j'étais jeune, j'avais votre âge ;
j'étais présomptueux, irréfléchi, plus que
vous ne l'êtes, mon jeune ami, car je sais
que vous ne prenez pas légèrement une résolution; enfin je me figurais que le bon-
homme me parlait ainsi par jalousie, et dans
la crainte que, quand je serais reçu, je ne
vinsse m'établir dans son voisinage et lui
couper l'herbe sous le pied. Bref, je n'écou-
tai pas ses conseils, et je m'en suis cruelle-

ment repenti. J'ai passé les deux plus belles
années de ma vie à des études pénibles, soit
dans les amphithéâtres de l'école, soit dans
les hôpitaux; j'ai vu pendant ce temps-là
tous mes camarades de collége et d'études,
qui avaient suivi d'autres carrières, se caser
et se faire une position dans le monde. Les
uns sont avocats; d'autres sont entrés dans la
magistrature; d'autres, dans diverses admi-
nistrations; quelques-uns sont officiers dans
l'armée; deux sont ingénieurs des ponts et
chaussées : tous enfin occupent des places
honorables, et voient encore un bel avenir
devant eux, et moi, après dix ans d'études,
de travaux préparatoires, j'en suis encore à
attendre une clientèle, qui viendra, Dieu
sait quand! Aussi, d'après cela, vous ne
devez pas être surpris, mon cher François,
que j'aie répété et que je répète encore à
tous les jeunes gens que je vois disposés à
étudier la médecine, la question que je vous
adressais tout à l'heure : Êtes-vous bien décidé à suivre cette carrière? Avez-vous bien
fait vos réflexions avant de l'embrasser? Je
conviens qu'à vous une pareille question ne

devrait pas être faite et qu'elle m'est échappée, comme je l'ai dit, en quelque sorte malgré moi; car vous êtes, vous, dans une position tout à fait exceptionnelle. Vous avez ici une clientèle nombreuse et assurée qui vous attend, et qui s'empressera de continuer au fils la confiance qu'elle a dans le père. Ainsi, je le répète, les réflexions que j'ai faites tout à l'heure ne sauraient s'adresser à vous. »

C'était précisément tout le contraire que pensait le docteur Castel; c'était bien à l'adresse de François qu'il avait lancé comme par hasard ces réflexions, sous forme de réminiscences pénibles. Son but était de jeter du doute dans l'esprit versatile et indécis de ce jeune homme, qui, s'il entrait résolûment dans la carrière pour laquelle il était destiné dès l'enfance, et s'il la suivait avec persévérance, deviendrait certainement pour le docteur Castel un concurrent redoutable.

François ne s'aperçut pas du piége, et, répondant seulement à la dernière phrase du docteur, il dit d'un ton dégagé : « Je sais bien que, si je reviens me fixer dans ce

pays, je suis assuré d'une nombreuse clientèle, trop nombreuse même ; car, je vous
l'avoue, je tremble à l'idée d'être obligé de
faire tout ce que fait mon père ; vous n'avez
pas idée des fatigues qu'il endure et des
peines qu'il se donne.

— Que voulez-vous, reprit le docteur
d'un air piteux, c'est encore là un des agréments du métier. Un médecin est malheureux s'il n'a pas ou s'il a peu de clientèle ;
et s'il en a une nombreuse, il est sans cesse
tourmenté. Il ne s'appartient pas ; à toute
heure du jour et de la nuit, il doit être à la
disposition du premier venu qui le fait appeler. Qu'il gèle à pierre fendre, que la
tempête soit déchaînée, que l'eau tombe à
torrents, n'importe, il faut partir ; il faut
quitter le coin de son feu, la société de sa
famille et de ses amis, pour aller assister
dans une pauvre cabane à l'agonie d'un
malheureux, au milieu des sanglots et des
cris de désespoir de sa femme et de ses
enfants ; ou bien quand, après une longue
journée de fatigue, vous vous êtes couché
harassé et que vous commencez à vous en-

dormir, vite, debout! il faut vous arracher au sommeil, sortir de votre lit bien chaud, remonter à cheval, et passer le reste de la nuit à voyager dans des chemins affreux par le vent, la neige ou la pluie...

— Ce que vous dites là n'est que trop vrai, interrompit François, et vous venez de peindre la vie de mon père pendant vingt-cinq ans. Mais moi, je vous avoue que, si jamais j'exerce la médecine dans ce pays-ci, je ne ferai pas comme lui. Après tout, je ne vois pas la nécessité de se tuer, il faut savoir en prendre et en laisser...

— Ah! que vous parlez bien comme un jeune homme sans expérience! interrompit à son tour le docteur. Vous voulez faire de la médecine en amateur, en prendre à votre aise et sans trop vous fatiguer?... Mais, mon jeune ami, rappelez-vous donc bien ce que je viens de vous dire, qu'un médecin ne s'appartient pas; son devoir l'oblige bon gré, mal gré; il doit être comme un soldat en campagne, toujours prêt à combattre l'ennemi; cet ennemi, ce sont les maladies, les blessures, les accidents de toute espèce qui attaquent la vie de nos semblables ou mettent leur vie en danger. Cet ennemi, comme l'autre, attaque le plus souvent à l'improviste et au moment où l'on s'y attend le moins; le soldat, c'est-à-dire le médecin appelé pour le combattre, doit être toujours prêt et ne peut refuser de marcher sans manquer au premier devoir de son état, sans se déshonorer.

— Je n'avais jamais pensé à tout cela, repartit François d'un air soucieux, et j'avoue que cela mérite réflexion. Mais enfin je me disais que, si je revenais ici avec mon diplôme de docteur, je voudrais que mon père se reposât, car il aura, Dieu merci, assez travaillé; et quant à sa clientèle, qui serait pour moi seul une trop lourde charge, nous aurions pu la partager à nous deux, car certes il y a bien de quoi occuper deux médecins. »

Le docteur Castel sourit en lui-même de cette naïveté de François, et surtout de l'impression qu'il remarquait avoir faite sur son esprit mobile. Voulant profiter de ses avantages, il lui répondit ainsi : « Reste à sa-

voir, mon jeune ami, si vos clients s'arran-
geraient de ce partage ; car enfin la confiance
ne se commande pas ; je ne vous en remercie
pas moins de votre bon vouloir pour moi.
Mais ce n'est pas le moment de parler d'un
avenir encore éloigné et fort incertain. Ce
que je veux vous demander à présent, c'est
le motif de cette formule dubitative que vous
venez d'employer plusieurs fois en parlant
de votre établissement dans ce bourg : « Si
« j'exerce la médecine dans ce pays, si je
« revenais me fixer ici, » avez-vous dit ;
est-ce que votre résolution à cet égard n'est
pas depuis longtemps arrêtée ?

— Mon Dieu, répondit François avec
quelque embarras, j'ai été bercé de ce projet dès mon enfance par ma famille ; mais
en voyant les travaux excessifs auxquels
mon père est obligé de se livrer, ma mère
avait pensé que je ferais mieux peut-être de
m'établir dans une grande ville. Ce n'est
encore qu'une idée vague, et non point
un plan définitif ; mon père ne s'en doute
même pas, et combattrait probablement
cette idée de tout son pouvoir.

2*

— Et il aurait raison, reprit le docteur ;
car si vous vouliez vous établir ailleurs
qu'ici, je pourrais vous adresser directement les réflexions que je faisais tout à
l'heure sur les difficultés qui attendent un
jeune praticien quand il veut se caser dans
un pays où il n'est pas connu. Ici vous avez
tous les éléments de succès sous la main ;
c'est donc ici que vous devez vous établir,
si vous vous faites recevoir médecin.

— Si je me fais recevoir : *that is the
question* (1), dit François d'un air distrait.

— Si vous vous faites recevoir ! s'écria le
docteur avec une surprise affectée ; mais cela
ne peut pas faire l'ombre d'un doute, et vous
ne pouvez pas changer une détermination
prise depuis longtemps par votre famille, et
à laquelle vous avez acquiescé, pour ainsi
dire, dès que vous avez eu l'âge de raison.

— Je n'y ai donné jusqu'ici qu'un ac-
quiescement tacite et irréfléchi ; mais ce
que je vous ai entendu dire tout à l'heure
me donne à penser...

(1) C'est là la question.

— Mais je n'ai pas eu l'intention, interrompit vivement le docteur, de vous détourner d'un projet tout naturel, et que je trouve on ne peut plus convenable pour vous. Je serais vraiment contrarié, si vous veniez à tromper l'espoir de votre famille sous ce rapport, d'être soupçonné de vous avoir excité à un changement aussi grave pour votre avenir.

— Ne craignez rien à cet égard, répliqua François; vous ne serez jamais soupçonné de rien de semblable, car ce n'est pas ce que vous m'avez dit qui déterminera ma volonté; seulement vos paroles m'ont donné l'éveil, et je vous en remercie. J'avoue que sans vous je me serais peut-être lancé dans cette carrière comme un étourdi et sans réflexions, sauf à m'en repentir plus tard. Maintenant ce à quoi je suis bien résolu, c'est d'examiner le pour et le contre, et de ne me décider que quand j'aurai reconnu ce que je suis en état de faire ou de ne pas faire, ce qui me convient ou non, en un mot, comme dit Horace, *quid valeant humeri, quid ferri recusent.* Or vous comprenez que ce n'est pas ici, avant mon départ, que je puis prendre une pareille décision; c'est à Paris, c'est après un mûr examen que je ferai connaître à mes parents le parti auquel je me serai définitivement arrêté. »

Le docteur loua tout haut sa prudence, et s'applaudit tout bas du succès de son machiavélisme.

VI

Acte d'autorité du docteur Brioude.

La fin des vacances approchait, quand
arriva une lettre d'Alphonse de Grancourt
qui commençait ainsi :

« Victoire! cher ami, victoire! Tu es
« enfin des nôtres! Tu es reçu à la pension
« Dubouloy, et nous t'attendons jeudi pro-
« chain à Poitiers pour notre fameux voyage
« en partie carrée.

« Figure-toi que ta lettre nous avait si
« fort affligés, Henri et moi, que nous
« sommes allés trouver l'abbé Gérier pour
« le prier de récrire encore une fois en ta
« faveur. Tu sais comme il est bon, et com-

« bien il aime ses anciens élèves ; c'est te
« dire qu'il n'a pas fait difficulté de tenter
« une nouvelle démarche. Enfin M. Du-
« bouloy vient de lui annoncer que, cédant
« aux sollicitations d'un ami tel que lui, il
« se décidait à faire arranger une chambre
« pour recevoir un pensionnaire en sus du
« nombre qu'il s'était jusque-là fixé, et
« que cette chambre était à la disposition
« de son protégé.

« Tu ne tarderas pas à recevoir la confir-
« mation de cette nouvelle par notre bon
« directeur lui-même ; mais j'ai voulu être
« le premier à te l'annoncer. »

Suivait une page ou deux de détails sur
les projets qu'ils avaient formés pour s'amuser pendant leur voyage.

Cette lettre jeta François dans une terrible anxiété. Autant il avait désiré cette
réunion avec ses anciens camarades dans
la même pension, autant cette idée maintenant lui inspirait de répugnance. Il ne rê-
vait que cette vie d'indépendance et de liberté tant vantée par le docteur Castel, et
il ne pouvait s'accoutumer à la pensée d'al-

ler s'enfermer dans une espèce de cloître, car c'était sous cet aspect que son imagination lui représentait la maison Dubouloy.

D'un autre côté, comment faire ? Pouvait-il répondre par un refus aux démarches si affectueuses, si bienveillantes, de ses amis et surtout de son ancien directeur ?

Son père était absent au moment où le facteur avait apporté la lettre ; sa mère, remarquant la préoccupation que cette lecture lui causait, lui demanda d'un ton affectueux :

« Qu'as-tu donc, Fanfan ? Est-ce qu'on t'apprend quelque mauvaise nouvelle ?

— Non, ma mère, au contraire (et il lui lut en entier la lettre de son ami).

— Et c'est là ce qui te rend si soucieux ? Mais tu étais désolé il y a quelque temps quand ce projet avait échoué : comment se fait-il qu'aujourd'hui tu ne sois pas joyeux d'apprendre qu'il a réussi ?

— Oui, répondit tristement François, j'en aurais été enchanté il y a un mois ; mais depuis j'ai réfléchi, et j'en étais revenu à ma première idée, que vous approuviez vous-

même, de rester étudiant libre. Maintenant
refuser une offre qui m'est faite d'une manière si gracieuse, n'est-ce pas m'exposer à
encourir le mécontentement et le mépris
de mes meilleurs amis?

— Dame, c'est vrai; réfléchis bien, mon
garçon, et prends garde de faire une sottise.

— Je ne vois guère de possibilité de refuser; car si j'en manifestais l'intention,
mon père bien certainement s'y opposerait.

— Oh! ne t'inquiète pas de ton père; je
me charge de le ranger à l'avis que tu auras
adopté; seulement, comme je te l'ai dit, réfléchis sérieusement : tu as toute la journée
et la nuit pour te décider : ton père ne doit
arriver que demain matin. »

Mme Brioude, comme on s'en aperçoit,
n'était guère propre à corriger son fils de
son malheureux défaut. Elle voyait bien
pourtant le meilleur parti qu'il avait à
prendre; mais elle pressentait en même
temps que ce n'était pas celui-là qu'il choi-
sirait, et par une tendresse aveugle, ou
plutôt, disons le mot, par une faiblesse cou-
pable, elle était toute disposée à appuyer la

résolution qu'il aurait prise, quand même elle l'eût désapprouvée intérieurement.

François passa le reste de la journée dans cette agitation et cette inquiétude que cause l'indécision. Un instant il eut l'intention d'aller consulter son ami Castel ; il se mit en route, la lettre dans sa poche ; mais arrivé presque à sa porte, il revint sur ses pas, en se disant : « Bah ! il se moquera de moi, il me traitera d'enfant, d'écolier de septième. D'ailleurs ne sais-je pas ce qu'il me dira ? Qu'il faut m'excuser le plus poliment possible auprès de mes anciens camarades et de l'abbé Gérier, mais rester libre et éviter surtout de m'*endubouloyser*. Il vaudra mieux lui en parler demain, quand l'affaire sera terminée. »

La nuit, dit-on, porte conseil. Hélas ! elle n'apporta à François qu'un redoublement de trouble et de l'insomnie. Le matin, quand il se leva, il avait les yeux rouges et les traits fatigués. Sa mère en fut alarmée :

« Mon Dieu, mon pauvre Fanfan, comme tu te donnes du tourment ! lui dit-elle en l'embrassant. En vérité, tu te rendras ma-

lade si tu continues à t'affecter ainsi. Voyons,
mon chéri, veux-tu que je dise à ton père
d'écrire à M. l'abbé Gérier que nous avions
arrêté pour toi un logement à Paris, n'ayant
plus aucune raison de compter sur la pension Dubouloy? Après cela viendront naturellement les remercîments, les regrets, les
protestations de reconnaissance, en un mot,
toutes les formules de politesse appropriées
à la circonstance.

— Faites ce que vous voudrez, ma mère,
répondit François d'un ton lamentable;
mais je doute que mon père veuille y con-
sentir.

— Et moi je suis persuadée qu'il y con-
sentira. »

Mᵐᵉ Brioude se trompa cette fois. Son
mari, en rentrant au bourg, avait passé au
bureau de poste, qui se trouvait sur son
chemin, et on lui avait remis la lettre de
l'abbé Gérier annoncée par celle d'Alphonse
à François. Il la lut tout en marchant, et
en arrivant chez lui, il aperçut François
dans le salon à côté de sa mère. « Ma foi,
tu as de la chance, mon garçon, s'écria-

t-il; devines-tu la bonne nouvelle que je t'apporte?

— Oh! mon Dieu, oui, il la devine, répondit Mme Brioude de son ton bourru, ou plutôt il la connaissait déjà depuis hier matin, car son ami Alphonse de Grancourt la lui a annoncée, et il n'en est pas plus content pour cela.

— Ah çà! nous entendons-nous? Il ne lui a pas dit sans doute qu'il était reçu chez M. Dubouloy, et qu'il l'attendait jeudi prochain pour partir?

— Mais si, mais si, il lui a dit tout cela. » Alors elle se mit à lui expliquer le nouveau plan que François avait formé, ne comptant plus sur celui qu'avait proposé M. Gérier; elle lui peignit la contrariété qu'il éprouvait en voyant remettre sur le tapis ce projet abandonné, dont l'adoption dérangeait toutes ses combinaisons, et elle conclut en disant qu'il serait plus facile cette fois de s'excuser que la première, puisqu'il était naturel que, ne pouvant plus compter sur la pension Dubouloy, on en eût cherché une autre.

Après un instant de silence, pendant lequel ses yeux s'étaient portés tour à tour de sa femme à son fils, et de son fils à sa femme, M. Brioude dit d'un ton grave et sévère qui ne lui était pas ordinaire : « Est-ce que je rêve, ou bien êtes-vous fous l'un et l'autre? Non, il n'est pas possible que sérieusement mon fils ait pensé à manquer aussi ouvertement aux lois de l'amitié et de la reconnaissance, et à s'exposer au mépris que mériterait une pareille tergiversation; non, ce n'est pas sérieusement que sa mère, au lieu de le rappeler à la raison et aux convenances, s'est chargée de me faire une telle proposition; et parce qu'une première fois j'ai eu la faiblesse de laisser à un enfant encore incapable de prendre par lui-même une résolution la faculté de faire un choix de cette nature, vous avez voulu sans doute m'éprouver de nouveau. Mais c'est assez d'une fois; je ne suis pas une girouette, et je ne suis nullement disposé à recommencer le rôle honteux que vous m'avez déjà fait jouer. Maintenant voici ma résolution, écoutez-la. Je

vais immédiatement écrire une lettre à
M. l'abbé Gérier pour le remercier de la
dernière démarche qu'il a faite et lui témoi-
gner toute ma reconnaissance. En même
temps j'en écrirai une autre à M. Dubouloy
pour le remercier aussi de ce qu'il a bien
voulu faire en faveur de François, et lui
annoncer son arrivée à Paris avec ses trois
camarades de pension. Puis, comme c'est
après-demain jeudi, et que ces jeunes gens
l'attendent à Poitiers, je conduirai moi-
même François dans cette ville, où nous
irons coucher demain soir, afin de ne pas
manquer au rendez-vous donné par ces mes-
sieurs. Ainsi, que toutes les dispositions
soient faites pour qu'il soit prêt à monter
en voiture demain à quatre heures du soir
au plus tard. »

La mère et le fils avaient écouté M. Brioude
dans un profond silence. Quand il eut fini
de parler, sa femme voulut essayer quelques objections : « Mais, mon ami, ce que
tu dis là n'est pas raisonnable.....

— N'est pas raisonnable! interrompit
vivement le médecin en élevant la voix

3

presque au ton de la colère ; je voudrais
bien savoir lequel de vous ou de moi a
perdu la raison..... » Puis tout à coup,
comme s'il se fût reproché ce mouvement
involontaire d'emportement, il reprit de sa
voix calme, mais toujours grave et ferme :
« A quoi bon discuter une pareille question? Non, je ne vous crois pas assez dé-
pourvue de sens pour que dans le fond de
votre conscience vous ne m'approuviez pas
d'agir comme je le fais. Ainsi pas un mot
de plus. Vous connaissez ma volonté ; elle est
irrévocable ; préparez-vous à l'exécuter. »

Il arrivait bien rarement à M. Brioude,
et seulement dans les grandes occasions, de
prendre ce ton d'autorité ; mais Mme Brioude
savait par expérience que dans ces occasions-
là son mari ne revenait jamais sur une détermination prise. Jugeant donc inutile de
poursuivre une tentative qui n'aurait pour
résultat que de l'irriter, elle essaya au moins
d'obtenir un ajournement. « Tu ne m'as pas
compris, mon ami, lui dit-elle du ton le
plus soumis et le plus câlin qu'il lui fut possible de prendre ; je n'ai pas entendu blâ-

mer ta résolution ; seulement je voulais dire
que ce départ était trop précipité, car le
trousseau de François n'est pas encore prêt.
La lingère ne terminera que dans cinq à
six jours les chemises que je lui ai com-
mandées ; le tailleur n'aura pas fini plus tôt
les deux pantalons et le gilet qu'il doit lui
faire ; enfin il y a une foule d'objets qui me
manquent encore pour compléter sa malle,
et qu'il m'est impossible de me procurer
d'ici à demain. »

M. Brioude ne fut pas dupe de la ruse de
sa femme. Il comprit qu'accorder un retard
serait tout remettre en question, et il s'empressa de répondre : « Il n'est pas possible
de différer d'un jour, d'une heure, le départ
de François ; il a assez de linge et de vête-
ments pour faire le voyage, et ce qui lui
manquera pourra facilement lui être en-
voyé par les messageries un peu plus tard.
Il n'éprouvera donc aucune privation sous
ce rapport, et cette circonstance ne servira
qu'à prouver son empressement à répondre
à l'appel de ses amis. Ainsi, encore une fois,
qu'il se tienne prêt à partir demain à quatre

heures précises; la voiture nous attendra à
la porte. »

Le croira-t-on? François, après avoir entendu cet arrêt définitif et sans appel, au
lieu de s'en affliger, comme sa mère s'y attendait, en fut enchanté; son âme était dé-
barrassée en quelque sorte du poids de l'in-
certitude qui l'accablait depuis la veille. En
effet, il n'avait pas de répugnance absolue
pour la pension Dubouloy, ni de préférence
arrêtée pour la vie d'étudiant libre; seulement, quand il avait eu la liberté de faire
un choix entre ces deux positions, son esprit
irrésolu avait balancé, et c'était cette irrésolution même qui causait son tourment. La
décision que venait de prendre son père
était donc un véritable soulagement pour
lui; il l'accepta avec joie.

Mme Brioude, voyant son fils si bien disposé, fut elle-même on ne peut plus satis-
faite de la tournure que les choses avaient
prise. Elle s'occupa donc activement de préparer les malles, et quand l'heure du départ arriva, rien ne manqua au trousseau.

Pendant ce temps-là, François avait fait

ses visites d'adieux aux parents et amis qu'il
avait dans le pays. Il en était une qui lui
coûtait beaucoup; c'était celle du docteur
Castel, qui ne manquerait pas de le plaisanter de sa faiblesse. Il hésita longtemps
à se présenter chez lui; enfin il prit un
moyen terme, comme c'est l'ordinaire des
gens de son caractère : il saisit l'instant où
il savait qu'il était absent de chez lui, et y
déposa sa carte.

VII

La maison Dubouloy. — La double inscription.

Le départ de Saint-O.....eut lieu à l'heure
fixée par M. Brioude. François fut accueilli
à Poitiers par les plus chaleureuses dé-
monstrations d'amitié de ses anciens camarades, et lui-même se montra si heureux
de les retrouver, que ceux-ci ne se doutè-
rent jamais qu'il eût pu si longtemps hésiter à se réunir à eux.

Le voyage de Paris n'offrit aucune par-
ticularité digne de remarque, sinon que
François se montra peut-être plus gai,
plus enjoué qu'à l'ordinaire.

La maison de M. Dubouloy, où débar-

quèrent nos jeunes voyageurs, n'était point
située dans une de ces rues étroites, sombres
et tristes comme il en existe, et surtout
comme il en existait un grand nombre à
cette époque dans le quartier latin. Elle se
trouvait rue de Vaugirard, vis-à-vis une des
grilles du jardin du Luxembourg. Exposée
au midi, elle recevait du rez-de-chaussée
au faîte les rayons du soleil, adoucis en été
plutôt qu'interceptés par les arbres du jardin. La façade, du côté du nord, donnait
sur un jardin particulier qui servait de promenade habituelle aux pensionnaires. Il eût
été difficile de choisir une habitation plus
saine, plus agréable, et en même temps plus
convenablement située sous tous les autres
rapports.

Chaque pensionnaire avait sa chambre ;
il pouvait y travailler si cela l'arrangeait,
ou bien dans la bibliothèque, qui servait
de salle d'étude commune. On se réunissait
aux heures des repas dans le réfectoire, ou
plutôt dans la salle à manger ; car M. Dubouloy, tout en tenant sa maison dans un
ordre régulier, ne voulait pas qu'elle rap-

pelât trop le collége à ses pensionnaires; il
préférait qu'elle fût à leurs yeux comme
une transition entre la maison d'éducation
proprement dite et la société, dans laquelle
ils allaient bientôt entrer. Ainsi la salle
d'étude s'appelait bibliothèque, le réfectoire salle à manger; un salon proprement
orné servait aux récréations du soir quand
le temps ou la saison ne permettait pas la
promenade au Luxembourg. Là on causait, on faisait de la musique, on jouait
au billard, au trictrac, aux échecs, aux
dames, etc.

Le chef de cet établissement était un
homme d'un âge mûr, aux manières polies
et affectueuses; mais chez lui ces qualités
extérieures n'étaient pas un vernis servant
seulement à recouvrir des défauts cachés;
c'était l'expression fidèle et comme le reflet
de la bonté, de la douceur, de l'amour du
bien et du vrai, qui formaient le fond de
son caractère. Son abord facile et prévenant inspirait la confiance, et rendait les
liaisons avec lui plus promptes et plus
sympathiques.

Tous ses pensionnaires devenaient bientôt ses amis, sans que la familiarité résultant de cette vie intime diminuât l'autorité que lui donnaient l'âge, l'expérience, une instruction variée et étendue, et je ne sais quelle dignité calme répandue sur toute sa personne, et qui est un des caractères distinctifs de l'homme de bien.

Je viens de parler d'autorité; il en exerçait une puissante sur ses pensionnaires, et pourtant elle n'avait pour eux rien de gênant, car elle était toute morale; c'était l'autorité d'une haute raison, qui se manifestait par de sages conseils empreints d'une extrême bienveillance et d'une exquise délicatesse; c'était surtout l'autorité de l'exemple dans l'accomplissement exact et scrupuleux de tous les devoirs de l'honnête homme et du chrétien.

Ces jeunes gens jouissaient chez lui d'une grande, je dirai presque d'une entière liberté; et cependant ils étaient l'objet d'une surveillance active, vigilante, et d'autant plus efficace qu'elle était inaperçue. Il n'employait pour l'exercer ni l'espionnage ni ces moyens vulgaires dont le docteur Castel avait parlé à François; son moyen à lui, du moins le principal, était d'abord d'étudier avec soin la physionomie morale de ses pensionnaires, puis de gagner leur confiance, et bientôt il connaissait à fond leur esprit et leur cœur, avec leurs défauts et leurs qualités. Tout en causant familièrement avec eux, il les accoutumait à lui rendre compte chaque jour de l'emploi de leur temps, de leurs progrès dans leurs études, et de tous les incidents qui avaient marqué la journée. Il écoutait avec intérêt leurs récits, provoquait parfois des détails plus circonstanciés, approuvait en souriant ou blâmait avec douceur, et toujours son œil clairvoyant semblait pénétrer au fond de l'âme de son interlocuteur, et lire jusque dans les replis les plus cachés. Il était rare que ces sortes de comptes rendus ne fussent pas exacts, ou qu'il ne s'aperçût pas si l'on voulait lui cacher ou lui déguiser quelque chose. Dans ces cas-là, il prenait des informations directes, et, après s'être assuré de la vérité, si la chose qu'on avait

cherché à lui cacher était très-grave, il
annonçait au délinquant qu'il ne faisait
plus partie de la maison; si elle offrait
moins de gravité, il lui adressait en particulier des remontrances sérieuses, en l'a-
vertissant qu'une seconde infraction de
cette nature entraînerait irrévocablement
l'expulsion.

François, dès le moment de son entrée
chez M. Dubouloy, fut enchanté du patron,
de la société des jeunes gens qui s'y trou-
vaient, du régime de la maison. Il reconnut
sans peine que le portrait de ces sortes d'é-
tablissements tracé par le docteur Castel ne
pouvait s'appliquer à la pension Dubouloy,
s'il n'était même de pure fantaisie. Loin de
regretter maintenant son admission dans
cette maison, toute sa crainte était d'en
être renvoyé; car les anciens pensionnaires,
chargés en quelque sorte de mettre les
nouveaux venus au courant des *us et cou-
tumes* traditionnels, lesquels tenaient lieu
d'un règlement écrit qui n'existait pas, l'a-
vaient effrayé en lui parlant de la facilité

avec laquelle M. Dubouloy renvoyait un pensionnaire.

« Voyez-vous, disaient-ils, il n'y a ici ni table de pénitence, ni pensums, ni arrêts, ni retenue, ni autres punitions usitées dans les colléges; il n'y en a qu'une seule, c'est l'expulsion; mais celle-ci on l'encourt pour la moindre peccadille. » (Ceci était exagéré, comme nous l'avons vu.) « Cette maison, disait un autre, est tout le contraire d'une prison; on y entre avec beaucoup de difficulté, et l'on en sort quand on veut. »

François se promit bien de faire tous ses efforts pour n'en pas sortir de sitôt.

Il eut bientôt fait la connaissance de tous les pensionaires, d'autant plus facilement que le plus grand nombre étaient des anciens élèves de Bloussac. Ils étaient en tout vingt, et lui formait le vingt et unième; aussi ses camarades le surnommèrent-ils d'abord le *surnuméraire*. Douze de ces jeunes gens étaient étudiants en droit; trois suivaient un cours de hautes études au collége de France et à la Sorbonne, pour se préparer à l'agrégation dans l'université; trois autres se destinaient à l'École polytechnique; enfin deux se disposaient à entrer à l'école de Saint-Cyr. François seul se présentait comme devant être étudiant en médecine.

« Tiens, dit un des anciens, il ne nous manque plus qu'un abbé, et nous aurions des représentants des cinq facultés (1).

— J'avais eu aussi le projet dans le temps, reprit un autre, d'étudier la médecine, uniquement parce que j'avais un de mes amis qui en suivait les cours; mais mon père m'en a détourné, en me faisant observer avec raison que cette étude, fort longue et fort difficile, ne donne entrée qu'à une seule carrière, tandis que le droit ouvre la porte à plusieurs. Ainsi un homme qui a fait son droit peut devenir avocat, avoué, magistrat, notaire, entrer dans la diplomatie et dans tous les emplois de l'administration.

(1) Les cinq facultés sont : la théologie, le droit, la médecine, les sciences et les lettres.

— Et laquelle de ces professions te proposes-tu d'embrasser? demanda le premier interlocuteur.

— Mon père a l'intention de m'acheter une étude de notaire ; c'est pourquoi, tout en faisant mon droit, je fréquente, en clerc amateur, l'étude de M⁰ Tisserand pour obtenir le certificat de stage nécessaire. »

François avait écouté cette conversation sans y prendre part, mais non sans qu'elle fît sur lui une profonde impression. Tout ce que le docteur Castel lui avait dit sur l'étude de la médecine lui revint à la mémoire, et ses anxiétés recommencèrent. On se rappelle qu'il s'était promis, à son arrivée à Paris, d'examiner si cette étude lui convenait ou non, et de faire connaître à ses parents le parti auquel il se serait définitivement arrêté. Ce moment était venu, mais avec lui une indécision, une irrésolution plus grande que jamais. Comment écrire à son père, qui depuis la naissance de son fils n'avait d'autre pensée que de le voir un jour partager ses travaux, puis le remplacer, qu'aujourd'hui il ne devait plus compter sur cet espoir rêvé pendant tant d'années?

Tandis qu'il était préoccupé de ces pensées, qu'il flottait d'une résolution à une autre sans rien conclure, les jours et les semaines se passaient. Les registres d'inscriptions étaient ouverts depuis longtemps dans les diverses facultés; les camarades de François avaient tous pris les leurs, qu'il n'était pas plus avancé que le premier jour. Enfin le dernier délai allait expirer, quand tout à coup il lui passa par la tête une idée bizarre, un de ces moyens termes comme en peuvent seuls imaginer les caractères indécis, et c'est à ce parti qu'il s'arrêta. Il courut s'inscrire à la faculté de médecine, puis ensuite à la faculté de droit. C'est le moyen le plus sûr, se disait-il, de me décider en connaissance de cause. J'étudierai les deux sciences en même temps, et je rencontrerai bientôt celle pour laquelle j'aurai le plus de penchant. Alors je m'attacherai exclusivement à celle-là, et j'abandonnerai l'autre. En attendant, mon père ne pourra être mécontent, puisque je suivrai les cours de médecine, et qu'il ne se doutera pas que j'en fréquente d'autres.

Après avoir pris ce qu'il appelait sa résolution héroïque, il rentra content à sa pension, mais en se gardant bien d'en faire part à qui que ce fût, même à son meilleur ami, Alphonse de Grancourt.

C'était une rude tâche qu'il s'était imposée. Cependant elle ne l'effraya pas, et pendant quelque temps il s'en acquitta assez bien. Comme il n'avait quitté le collége que depuis peu de temps, il n'avait pas encore perdu l'habitude du travail qu'il y avait contractée grâce aux soins de l'abbé Gérier. Puis il avait sous les yeux l'exemple de ses commensaux, tous laborieux jeunes gens, la plupart même rudes *piocheurs*, pour me servir de l'expression consacrée, et l'on sait quelle influence exerce l'exemple sur des caractères de la nature de celui de François.

Le doyen de la faculté de droit était un ami intime de M. Dubouloy. Celui-ci ne manquait jamais de le visiter au commencement de l'année scolaire, pour lui recom-

mander les nouveaux étudiants appartenant
à son établissement, sans préjudice des autres visites qu'il lui faisait de temps en
temps pendant la durée des cours, pour
s'assurer des dispositions et des progrès de
ses pensionnaires.

Comme le maître de pension ne parlait
que d'Alphonse, de Henri et de Maxime, le
doyen lui dit :

« Mais, mon cher Monsieur, vous oubliez
encore un nom ; car nous avons ici quatre
étudiants de première année ayant donné
leur adresse dans votre maison. Serait-ce
une fausse adresse, ou ne mériterait-il pas
vos recommandations?

— Quel est le nom de ce jeune homme?
demanda tout surpris M. Dubouloy.

— François Brioude, né à Saint-O...,
département de la Vienne.

— François Brioude!... Mais ce n'est pas
possible ; il est étudiant en médecine, et
j'ai vu l'inscription qu'il a prise à cette faculté.

— C'est alors qu'il en aura pris deux, à
moins qu'il ne vous ait montré l'inscription

d'un de ses camarades, ce qui arrive quelquefois ; mais vous avez un moyen facile de
vous assurer de la vérité. Passez, en retournant chez vous, au secrétariat de l'École de
médecine, et tous vos doutes seront éclaircis.

— Je suivrai votre conseil, quoique je
ne conserve aucun doute sur le fait. Mais
pourriez-vous me dire s'il fréquente vos
cours, s'il a quelques dispositions pour
l'étude du droit?

— Comme les cours ne font presque que
de commencer, nous n'avons pu encore nous
rendre compte des dispositions de nos nouveaux élèves; mais ce que je puis constater,
ajouta-t-il en jetant les yeux sur une liste
qui se trouvait sur une table, c'est que François Brioude, inscrit pour suivre les cours
de première année du Code civil et du droit
romain, a répondu régulièrement aux appels
de MM. les professeurs de ces deux cours,
ce qui prouve qu'il les a fréquentés jusqu'ici avec assiduité.

— C'est singulier! reprit M. Dubouloy
d'un air rêveur, et à la maison je l'ai en-

tendu souvent, en causant avec ses camarades, rendre compte des leçons des professeurs de médecine, et même les analyser
avec assez de précision. En vérité, je n'y
comprends rien.

— Et moi, répondit le doyen en souriant
d'une manière un peu ironique, je comprends que vous avez chez vous un phénix,
une encyclopédie vivante, en un mot, un
autre Pic de la Mirandole, qui soutiendra
bientôt une thèse *de omni re scibili et qui-
busdam aliis* (1). Mais parlons sérieusement,
continua le doyen en reprenant sa gravité
habituelle : ce jeune homme est-il doué de

(1) Pic de la Mirandole, né en 1463, s'illustra par sa
science et sa précocité; dès l'âge de dix ans, il était
placé au premier rang des poëtes et des orateurs de son
temps. Après avoir parcouru les plus célèbres univer-
sités de l'Italie et de la France, il se rendit à Rome, où
il publia sous ce titre : *Conclusiones philosophicæ, ca-
balisticæ et theologicæ,* une liste de neuf cents propo-
sitions *de omni re scibili* (sur toute chose qu'on puisse
savoir), qu'il offrit de soutenir publiquement. Il était
alors dans sa vingt-troisième année. Comme la plupart
de ceux qui sont doués d'une trop grande précocité, et
qui atteignent rarement un âge avancé, il mourut à
trente-trois ans.

facultés extraordinaires et tout à fait hors ligne, qui lui permettent simultanément cette double étude? A-t-il l'âme assez fortement trempée, assez persévérante pour surmonter les obstacles qu'il rencontrera et l'empêcheront d'avancer dès les premiers pas?

— Précisément, répondit M. Dubouloy, c'est cette fixité dans les idées, cette résolution qui lui manquent. » Là-dessus, il lui raconta ce que M. l'abbé Gérier lui avait écrit du caractère de ce jeune homme, que ses parents destinaient à embrasser la profession de médecin.

« Votre conduite est toute tracée, dit en finissant le doyen. Je n'ai pas besoin de vous donner des conseils ; vous savez mieux que moi ce qu'il faut faire en pareil cas ; seulement si vous ayez besoin de moi pour de nouveaux renseignements, vous savez que je suis tout à votre service. »

Et ils se séparèrent en se serrant cordialement la main.

VIII

Les conseils de véritables amis.

A l'École de médecine, M. Dubouloy apprit que François suivait avec autant d'assiduité les cours de cette faculté que ceux de l'École de droit.

De retour chez lui, M. Dubouloy ne jugea pas à propos de parler encore de sa découverte à François; ce n'était peut-être, pensait-il, qu'une fantaisie passagère d'un esprit mobile, un caprice que les premières difficultés un peu sérieuses lui feraient bientôt abandonner. Il résolut donc d'attendre, avant d'avoir avec lui une explication à ce sujet, s'il persévèrerait dans son entreprise.

La première fois que les trois camarades de François, Alphonse, Maxime et Henri, l'avaient aperçu à l'École de droit, ils s'étaient imaginé qu'il y était venu par curiosité ; mais quel ne fut pas leur étonnement quand ils l'entendirent répondre à l'appel ! Ils attendirent avec impatience que la leçon fût finie pour lui demander l'explication de cette énigme.

« Bah ! vous ne devinez pas? leur dit-il en riant.

— Non, répondit Alphonse; et toi, Maxime?

— Moi non plus; si c'était un calembour, je l'aurais déjà deviné sans doute; mais les énigmes ne sont pas de ma compétence. »

Henri fit signe qu'il ne comprenait pas davantage.

« Eh bien, reprit François en continuant à sourire, j'ai voulu, mes amis, prolonger la vieille habitude que j'ai d'étudier avec vous sur les mêmes bancs. Je me trouvais si isolé au milieu de ce grand amphithéâtre de l'École de médecine, où sur sept à huit cents étudiants je n'apercevais pas une figure de connaissance, que je me suis dit : Ma foi, allons où nous verrons des visages amis! et je suis venu ici.

— Comment! répondit Maxime, et tu as abandonné l'étude de la médecine pour un motif aussi futile! Allons, pas de mauvaises plaisanteries...

— Ne vas-tu pas lui faire un reproche, s'écria Henri, d'une preuve si touchante d'amitié?

— Je suis de l'avis de Maxime, reprit Alphonse : François nous voit à chaque instant de la journée, nous prenons ensemble nos repas, nous couchons sous le même toit; il n'est pas possible que, pour se trouver quelques moments de plus avec nous, au milieu d'un amphithéâtre, où l'on ne peut souvent ni se parler ni même se voir, il ait abandonné la carrière à laquelle il était destiné dès ses plus jeunes années. Je n'appellerai pas cela de l'amitié, mais de l'enfantillage.

— Comme tu prends la chose au sérieux,
mon cher Alphonse! répliqua François : ne
vois-tu pas que je riais en vous donnant
mon explication? Eh bien, le fait est que je
suis étudiant en droit comme vous, mais
non à cause de vous.

— Et pourquoi nous en avoir fait mys-
tère, interrogea Maxime, et nous laisser
croire jusqu'au dernier moment que tu devais étudier la médecine?

— Mais je n'ai pas abandonné l'étude de
la médecine. »

Ici les trois jeunes gens poussèrent ensemble une exclamation d'étonnement.

« Cela se complique, poursuivit Maxime
en riant aux éclats, et nous n'avons pas encore, à ce qu'il parait, le dernier mot de
l'énigme.

— Ce dernier mot, reprit François, je
vais vous le donner, mais nous ne sommes
pas dans un endroit convenable pour une
conversation de cette nature (ils étaient
au milieu de la rue Saint-Jacques); je
suis obligé de crier à tue-tête pour me
faire entendre, et je n'ai pas l'intention

de prendre le public pour mon confident. Gagnons le jardin du Luxembourg, et là nous pourrons causer tout à notre aise. »

En quelques instants ils eurent atteint la grille qui fait face à la rue Royer-Collard, appelée alors rue Saint-Dominique. Dès qu'ils furent entrés dans le jardin, ils ralentirent le pas, et François, sans préambule, sans réticence, leur raconta tout simplement, tout naïvement les incertitudes et les anxiétés auxquelles il avait été en proie, et le moyen *héroïque* qu'il avait employé pour y mettre un terme.

Ses amis l'écoutèrent jusqu'au bout sans l'interrompre. Quand il eut fini, Alphonse, jetant sur lui un regard d'une pitié douce et affectueuse, lui dit :

« Mon pauvre garçon, je te reconnais bien là. Tu es toujours le même, malgré les efforts que nous avons faits au collége pour te guérir de ta malheureuse indécision ; mais j'avoue que je ne te croyais pas si malade, et je te plains bien sincèrement.

— Allons donc, reprit en riant Maxime, de quoi te plains-tu? d'avoir eu une idée vraiment triomphante, et que je ne saurais m'empêcher d'admirer? Te rappelles-tu, au collége, quand nous te voyions incertain des heures entières sur le parti qu'il prendrait, nous lui disions qu'il ressemblait à l'âne de Buridan (1). Eh bien, nous ne pouvons plus lui adresser le même reproche; car, au lieu de se laisser mourir de faim entre les deux picotins d'avoine, il les a bravement avalés tous deux. Seulement, gare une indigestion.

— Tu en parles bien à ton aise, Maxime, répliqua François, toi dont la vocation s'est fixée sans difficulté; mais moi, qui pour des

(1) Jean Buridan, recteur de l'université de Paris dans le XIVe siècle, auteur de commentaires sur Aristote aujourd'hui complétement oubliés, n'a dû la célébrité de son nom qu'à son fameux sophisme connu sous le nom de *sophisme de l'âne*. Il supposait qu'un âne placé entre deux picotins d'avoine devait se laisser mourir de faim, s'il n'était pas doué du libre arbitre, n'ayant aucun motif déterminant pour attaquer le picotin de droite plutôt que celui de gauche. De là le proverbe : *Il ressemble à l'âne de Buridan*, en parlant de quelqu'un longtemps embarrassé d'un choix à faire.

choses de moindre importance ai l'habitude
de ne me décider qu'après mûre réflexion,
j'ai dû apporter à celle-ci un examen beaucoup plus sérieux. Je n'ai fait, du reste, que
suivre le conseil que donne un sage écrivain
en ces termes : « Le choix d'un état devant
« influer sur tout le reste de notre exis-
« tence, fixer notre position dans le monde,
« être la base de notre avenir, et souvent
« décider ou de son malheur ou de son
« bonheur, l'étude de la vocation, le choix
« des occupations de la vie, doivent être
« pour tous les hommes l'objet de la plus
« inquiète sollicitude, le sujet de l'examen
« le plus sérieux et le plus approfondi. »

— C'est très-bien, observa Henri; j'ap-
prouve fort ton auteur, qui, je crois, est
l'abbé Weber; mais il ne dit pas que pour
faire cet examen, qu'il recommande avec
tant de raison, il soit nécessaire de se livrer
aux études préliminaires de diverses professions afin de mieux choisir celle qu'on
voudra embrasser. Et si, ces études préliminaires terminées, on ne se sent aucun
goût, aucune vocation pour l'une des pro-

fessions auxquelles elles conduisent, il faudra donc recommencer de nouveaux travaux préparatoires à la recherche de sa vocation? La vie entière se passera à cette occupation; on arrivera à la fin de ses jours sans avoir trouvé ce qu'on cherchait, et l'on mourra apprenti ou étudiant en cheveux blancs.

— C'est malheureusement là le sort qui est réservé à l'indécision, ajouta Alphonse par forme de conclusion.

— Mon Dieu! s'écria François d'un air piteux, je comprends parfaitement vos raisons, je vois les difficultés que je me suis créées; mais indiquez-moi donc un *criterium* qui puisse servir de base à ma certitude et fixer mes irrésolutions.

— Que viens-tu nous chanter avec ton *criterium*? reprit Maxime de son ton ironique. Moi, je le répète: ton idée est merveilleuse, seulement je la trouve incomplète. Au lieu de te borner à deux études préparatoires, ce qui te laisse la perspective, comme l'a judicieusement remarqué Henri, de passer ta vie successivement à d'autres études, si les premières ne t'ont pas fait trouver ce que tu cherchais, à ta place, dès aujourd'hui et sans perdre de temps, je suivrais tous les cours des facultés de la Sorbonne, ceux du Conservatoire des arts et métiers, ceux de l'École de commerce, les cours de musique de M. Wilhem, ceux de l'Académie de peinture et de sculpture; de cette manière tu ne saurais manquer de savoir promptement vers quel état te porteraient tes goûts et ta vocation. Car qui sait? tu es peut-être appelé à devenir un jour un astronome rival d'Arago, ou un riche épicier de la rue des Lombards, ou bien un peintre, un architecte distingué, un ingénieur, un poëte, ou bien un fabricant de cirage et d'allumettes chimiques...

— Assez, assez! interrompit Alphonse; dans toute autre circonstance je te permettrais de le plaisanter; mais quand il s'agit d'une chose aussi grave et qui intéresse l'avenir, on ne doit parler que sérieusement. Si nous ne connaissions pas François depuis longtemps, nous pourrions croire que l'indécision chez lui est, comme chez tant d'au-

tres, l'apanage de la sottise et de l'ignorance ;
mais nous savons pertinemment qu'il n'est
ni sot ni ignorant, et qu'il possède des qualités de l'esprit et du cœur qui lui ont valu
l'amitié de tous ceux qui l'ont connu. Un
seul défaut dépare ces qualités, et encore
ce défaut est plus préjudiciable à lui-même
qu'aux autres; aussi devons-nous, dans son
intérêt et comme de vrais amis, l'aider de
sages conseils, si nous le pouvons, plutôt
que de nous moquer de lui.

— Je ne demande pas mieux, reprit
Maxime, que d'aider sérieusement et de
tout mon pouvoir à cette guérison morale;
reste à savoir si le malade y consent.

— Mais il me semble, repartit François,
que j'ai assez manifesté mon intention tout
à l'heure, en vous demandant un moyen de
faire cesser ces hésitations qui causent mon
tourment.

— Mon cher ami, répondit Alphonse, il
faut pour cela quelqu'un de plus puissant
et de plus capable que nous. Tu es encore
comme un enfant dont les jambes sont trop
faibles pour pouvoir marcher seul, et qui a

besoin d'une main assez forte pour le soutenir et diriger ses pas; nous ne sommes
guère plus forts que toi, et nous craindrions,
tout en voulant t'aider, de te faire trébu-
cher. Au collége, nous t'adressions déjà les
mêmes observations qu'aujourd'hui, et tu
ne nous écoutais guère. Il n'y avait qu'un
homme qui avait pris sur toi un empire ab-
solu : c'était notre respectable directeur.
Sans lui tu n'aurais jamais été qu'un pi-
toyable écolier; avec lui tu valais autant et
peut-être plus que nous. Je regrette beaucoup pour toi que nous n'ayons pas ici l'abbé
Gérier; mais nous avons un homme bien capable de le remplacer, c'est M. Dubouloy.
Adresse-toi à lui franchement, résolûment,
et je suis persuadé qu'il t'indiquera bientôt
le moyen de faire cesser tes irrésolutions.

— J'y ai déjà bien pensé; mais je n'ose
pas.

— Et pourquoi? c'est encore là une suite
de ta faiblesse de caractère. Crois-moi, suis
mon conseil, c'est le plus convenable à mon
sens, et, je pense, de l'avis de nos deux
camarades. »

Maxime et Henri s'empressèrent de dire qu'ils l'approuvaient en tout point, et François, entraîné par les exhortations de ses camarades, finit par promettre qu'il s'adresserait à M. Dubouloy; seulement il désirait qu'on ne parlât à aucun des autres pensionnaires de ce qui s'était passé entre les quatre amis. Ceux-ci s'engagèrent à garder le silence, et comme aucun des anciens ne suivait les mêmes cours de droit, ils pouvaient longtemps encore ignorer que François les fréquentât ou les eût fréquentés.

Toutes ces choses ayant été convenues, on rentra à la maison.

I X

La vocation, ou le choix d'un état.

Nous ne surprendrons pas nos lecteurs
en disant qu'après la scène du jardin du
Luxembourg François laissa passer plus
de quinze jours avant de se décider à
parler à M. Dubouloy. Malgré les instances
d'Alphonse, il trouvait toujours quelque
prétexte pour remettre sa visite au lendemain.

Pendant ce temps-là avait lieu la rencontre de M. Dubouloy et du doyen de la

faculté de droit, dont nous avons parlé pré-
cédemment. Nous avons dit par quel motif
le premier avait différé de demander à François une explication.

Les choses seraient peut-être restées longtemps encore en cet état, si M. Dubouloy
n'avait reçu une lettre de M. Brioude qui
le priait de présenter son fils au docteur
R..., avec lequel il savait que M. Dubouloy était très-lié. « Mon fils, disait cet excellent père, ne saurait faire de connaissance plus utile pour la carrière à laquelle
il se destine, et trouver un plus parfait mo-
dèle à imiter. Les lumières de la science
n'ont pas chez lui, comme chez tant d'autres de ses confrères, obscurci les lumières
de la foi ; chrétien fervent autant que médecin habile, il sait allier avec un rare bonheur l'exercice de sa profession avec celui
de ses devoirs religieux (1). »

(1) M. Brioude veut parler ici du docteur Récamier,
mort en 1852, à l'âge de soixante-dix-huit ans. Il avait
été longtemps médecin de l'Hôtel-Dieu de Paris, profes-
seur à la faculté de médecine et au collége de France.
Praticien ingénieux et fécond en ressources, le docteur

M. Dubouloy fit part de cette lettre à
François pendant la réunion du déjeuner.
Il lui annonça qu'il se ferait un véritable
plaisir de suivre les intentions de son
père en lui procurant la connaissance du
docteur R...; en conséquence il l'engagea à se tenir prêt pour le surlendemain à
midi, heure à laquelle le docteur les rece-
vrait.

« Il n'est pas possible, dit Alphonse à
François quand ils se trouvèrent seuls, que
tu retardes maintenant de faire ta confession
à M. Dubouloy. Tu ne peux pas te présenter
chez M. Récamier comme un aspirant à la
profession de médecin, quand tu conserves
encore des doutes dans ton esprit sur la carrière que tu dois embrasser.

— Ce que tu dis est très-vrai, mon cher

Récamier a souvent obtenu des cures heureuses dans des
cas désespérés. Ce que dit M. Brioude de ses principes
religieux est de notoriété publique; jamais dans ses
leçons, quand l'occasion s'en présentait, il ne manquait
de rappeler à ses élèves les grandes vérités du christia-
nisme, comme auprès de ses malades il puisait autant
dans la religion que dans la science les consolations qu'il
leur donnait.

Alphonse, répondit François; mais ma maudite timidité me retient toujours. Tiens, rends-moi un service : va trouver M. Dubouloy; dis-lui tout; peins-lui mes doutes, mes inquiétudes et leurs causes; tu m'épargneras un aveu qui me coûte extraordinairement. Après cela, mon entretien avec M. Dubouloy sera forcé, mais il me paraîtra plus facile. »

Alphonse accepta avec joie la proposition, et, de peur que son ami ne vînt à changer d'avis, il courut immédiatement chez le maître de pension.

M. Dubouloy fut très-surpris d'apprendre le véritable motif qui avait fait prendre à François des inscriptions de droit, et Alphonse ne le fut pas moins d'apprendre que M. Dubouloy était instruit du fait en lui-même. Ils eurent ensuite une longue conversation, dans laquelle Alphonse donna à M. Dubouloy tous les renseignements nécessaires sur le caractère de son ami, sa conduite antérieure, ses goûts, ses habitudes, etc.

Nous ferons remarquer en passant à nos

jeunes lecteurs, qui pourraient peut-être
blâmer Alphonse de parler avec cette liberté
de son ami absent, qu'il était autorisé par
celui-ci, et que c'était dans l'intérêt de cet
ami qu'il en faisait connaître les défauts
comme les qualités. C'est bien ainsi que le
comprit M. Dubouloy, qui jamais n'eût permis à un de ses pensionnaires de venir lui
révéler en secret les fautes ou les défauts de
ses camarades. Il le loua, au contraire, de
son dévouement à son ancien condisciple,
et des bons conseils qu'il lui avait donnés.
« Rassurez-le, lui dit-il en le quittant ;
ce soir, après dîner, amenez-le dans ma
chambre ; puis vous nous laisserez seuls. »

A l'aide de toutes ces précautions, François vit sans trop de crainte arriver l'heure
de la terrible entrevue. Il aurait bien encore
un peu hésité, peut-être tâché de gagner une
demi-heure, un quart d'heure, quelques
minutes, comme font toujours les indécis ;
mais Alphonse était là qui l'aiguillonnait,
le pressait, et à l'heure dite, à la minute,
ils frappaient à la porte du cabinet de
M. Dubouloy.

4

Nous avons dit que M. Dubouloy avait l'abord facile et prévenant. En cette circonstance, il se montra peut-être plus gracieux, plus bienveillant encore qu'à son ordinaire. François, enchanté de cet accueil, sentit fondre aussitôt tout reste de crainte et d'hésitation, et se trouva aussi à son aise que quand il était seul avec son ami Alphonse.

M. Dubouloy lui épargna l'embarras d'aveux pénibles en se montrant tout de suite au courant de ce qu'il aurait pu lui dire, et en évitant de lui adresser le moindre reproche sur ce qui s'était passé. « Ah çà ! que répètent-ils donc, que vous êtes un indécis ? dit-il en souriant et en lui serrant affectueusement la main. Un indécis, après avoir balancé jusqu'au dernier jour, aurait laissé passer le délai fatal sans rien décider, c'est-à-dire sans prendre d'inscription d'aucune espèce. Voilà ce qu'aurait fait un esprit véritablement indécis ; mais vous, vous en avez pris deux, ce qui me prouve que vous ne l'êtes qu'à moitié. Ainsi, si vous vous sentiez attiré, entraîné vers une pro-

fession, en un mot, si vous aviez pour
elle une vocation, vous n'hésiteriez pas,
et vous vous décideriez à l'instant à la
suivre ?

— Certainement, Monsieur, répondit
François.

— Très-bien. Mais, mon ami, vous êtes-
vous bien rendu compte de ce qu'on doit
entendre par une vocation?

— Il me semble, Monsieur, que c'est un
penchant, un entraînement, comme vous
disiez tout à l'heure, qui nous attire vers
tel état plutôt que vers tel autre.

— Cela est vrai jusqu'à un certain point;
car il faut encore distinguer si les motifs
de ce penchant sont légitimes, c'est-à-dire
conformes à la volonté de Dieu, ou s'ils sont
purement humains, quelquefois même peu
honorables, ce qui constitue dans le premier
cas la véritable, et dans le second ce que
j'appellerai la fausse vocation.

— Comment peut-on les distinguer?

— Rien de plus facile. D'abord il est bien
entendu qu'il n'est pas ici question de ces

vocations directes, exceptionnelles, par les-
quelles Dieu appelle un certain nombre
d'âmes d'élite à se consacrer à lui dans les
fonctions sublimes du sacerdoce, ou à embrasser la vie religieuse avec ses austérités
et les devoirs particuliers qu'elle impose.
J'entends parler du plus grand nombre, des-
tinés à vivre dans le monde, de la vie ordinaire de tous les hommes. Eux aussi, tous
sans exception, ont une vocation à remplir, vocation qui, pour n'être pas aussi
sainte que celle dont je viens de parler,
n'en est pas moins grande et même sublime. Cette vocation, c'est celle d'enfants
de Dieu rachetés au prix du sang de Jésus-
Christ, régénérés par les eaux sacrées du
baptême. Eux aussi sont appelés, en cette
qualité, à travailler, dans la mesure de leurs
forces et suivant leur condition, à la gloire
de leur Père, à l'édification de leurs frères,
et à exercer envers eux cette vertu de la
charité dont Dieu a fait la première de
toutes les lois.

« Voilà, mon enfant, la vraie et seule
vocation du chrétien ; c'est vers ce but que

doivent tendre tous ses efforts et tous ses travaux.

« Quant au choix d'un état, il ne doit jamais le considérer que comme un moyen d'atteindre ce but. S'il se sent du penchant vers telle ou telle profession, il doit se demander avant tout si elle lui offre ce moyen ; en pareil cas, qu'il l'embrasse hardiment : ce sera là une véritable vocation. Dieu bénira ses efforts et lui garantira le succès. Mais s'il ne se sent de goût pour une profession que parce qu'il y trouve plus de facilité pour s'enrichir, ou pour satisfaire ses passions et ses mauvais instincts, et s'il la choisit malgré les dangers qu'il court de n'y pas faire son salut, je dis qu'il suit une fausse vocation qui peut l'entraîner à sa perte.

« Vous demandiez à vos camarades un *criterium* qui pût servir de base à votre certitude et faire cesser vos doutes ; en voilà un positif, certain, et qui ne vous fera jamais défaut.

— Je le comprends très-bien, Monsieur,

répondit François; mais pour faire usage
de cette règle certaine, il faut avoir un
penchant, une disposition plus ou moins
prononcée pour un état quelconque; et si
l'on ne se sent aucune préférence pour tel
état plutôt que pour tel autre, comment
alors fixer son choix?

— Dans ces cas-là, mon ami, on s'adresse
à Dieu, on le prie humblement de nous
éclairer et de nous inspirer de choisir l'état
le plus propre à faire notre salut et à être
utile à nos semblables. Puis on va trouver
son directeur, ou une personne qui ait de
l'expérience et surtout des principes religieux, on lui demande conseil, et l'on doit
regarder la réponse qu'on en obtient comme
si elle émanait de Dieu même, comme l'accomplissement du vœu qu'on lui a adressé.
Mais il est rare que le cas dont vous parlez se présente de cette manière; car, à
défaut de penchant direct, de disposition,
pour ainsi dire, instinctive, ordinairement
nos parents nous préparent dès l'enfance
au choix d'un état; et, à moins que cet
état n'ait pour nous une répugnance invin-

cible, c'est celui-là que nous devons embrasser, c'est celui-là auquel Dieu nous
destine.

« Vous, par exemple, mon jeune ami,
vous qui vous plaignez de ne pas savoir
quel état choisir, pouvez-vous hésiter un
instant? Votre père vous a élevé avec l'intention de vous voir lui succéder; jusqu'à
l'âge de dix-huit ans vous n'avez pas eu
d'autre pensée, lorsque des doutes vous ont
été suggérés par un étranger; et vous les
avez acceptés sans examen, et malgré leur
origine suspecte. Si vous aviez réfléchi un
instant, si vous vous étiez servi de la règle
dont je viens de vous parler, vous auriez
reconnu que vous ne pouviez pas hésiter un
instant; car hésiter, c'était résister à votre
véritable vocation.

« En effet, voyez s'il existe pour vous
une profession plus convenable que celle
que vous destine la volonté paternelle, pour
remplir cette grande vocation dont je par-
lais tout à l'heure. Est-il une profession où
l'on ait plus d'occasions de se rendre utile à

ses semblables et d'exercer à toute heure et de toutes manières la sublime vertu de la charité ?

« Encore si vous étiez dans la position de beaucoup de jeunes gens qui étudient la médecine sans savoir où ils se fixeront pour l'exercer, je vous pardonnerais des hésitations, car il faut quelquefois bien des années pour se former une clientèle; mais votre sillon est tout tracé d'avance, votre père l'a ouvert largement devant vous par vingt-cinq années d'honorables travaux, et vous n'avez plus qu'à le suivre.

« Mais, avez-vous dit, c'est cette existence pénible que mène votre père, ce sont ces travaux incessants de jour et de nuit qui vous effraient. Et quel est l'état ici-bas, quelle est l'existence qui n'ait pas ses travaux et ses peines? Je ne vous ferai pas l'injure de supposer que vous désireriez rester oisif et désœuvré parce que vous craindriez la fatigue, et que votre fortune vous permet de vivre sans rien faire. Si vous n'avez pas besoin de travailler pour gagner votre vie, vous n'en devez pas moins travailler pour accomplir la loi à laquelle tout homme est soumis ; seulement alors votre travail, consacré tout entier à être utile à vos semblables, sera un moyen plus efficace d'atteindre le but de votre vocation de chrétien.

« Enfin je terminerai par une considération qui doit l'emporter à vos yeux sur tout le reste. Si vous ne suiviez pas les intentions de votre père, si vous trompiez ses espérances, vous lui causeriez un chagrin mortel.

« En faut-il davantage pour vous déterminer à entrer courageusement, résolûment, dans cette carrière, et pour vous faire hâter de tous vos efforts l'instant où vous pourrez aller partager les travaux de ce bon père, et le soulager en lui enlevant une partie du fardeau qui pèse sur lui depuis longtemps?

« Maintenant, mon ami, vos doutes sont-ils éclaircis? Puis-je vous présenter demain

au docteur Récamier, comme aspirant sérieusement à devenir son confrère?

— Vous le pouvez, Monsieur, répondit
François avec résolution. Vous avez fait
tomber de mes yeux le bandeau qui obscur-
cissait ma vue. Je suis décidé à me conformer aux intentions de mon père, et je crois
que c'est là effectivement ma véritable vocation.

— Bien, très-bien, mon ami, reprit
M. Dubouloy en lui serrant la main avec
effusion; je n'attendais pas moins de la
bonté de votre cœur et de la justesse de
votre esprit. Mais ce n'est pas tout que
d'avoir pris une bonne résolution; il faut
vous mettre en garde contre le retour de
cette indécision, de ces fluctuations qui
menacent de devenir chez vous une maladie chronique. Pour vous guérir de cette
funeste maladie, vous avez un remède efficace et puissant: c'est la prière d'abord, et
ensuite la fréquentation des sacrements. Ce
double moyen fortifiera votre âme, et l'af-
fermira dans ses résolutions. Vous y join-

drez des lectures choisies, les conseils que
vous donnera un directeur sage et éclairé;
avec ce régime votre jugement se recti-
fiera, et votre caractère aura bientôt pris
cette décision et cette netteté qui lui manquent. »

François remercia sincèrement M. Dubouloy, lui promit de se conformer à ses
sages avis, et courut rejoindre ses amis,
à qui il raconta toute sa conversation
et la détermination qu'il avait prise, et
dans laquelle il était bien décidé à per-
sister. Ses amis, et surtout Alphonse, le
félicitèrent et l'encouragèrent à persévé-
rer.

Le lendemain il fut présenté à M. Récamier, et l'entretien qu'il eut avec cet
homme si savant, tout à la fois si simple
et si bon, le confirma encore dans ses dispositions de la veille.

Il tint parole. Dès le jour même il se mit
courageusement à l'œuvre; soutenu par
l'exemple de ses camarades, par les bons
conseils de M. Dubouloy, et par l'emploi

des moyens qu'il lui avait indiqués, il travailla avec ardeur, et à la fin de l'année scolaire il fut reconnu comme un des meilleurs élèves de l'École de médecine.

X

Conclusion ; ce qu'elle aurait dû être ; ce qu'elle a été.

Nous voudrions bien pouvoir clore ici notre récit en n'y ajoutant que ces mots : « François persévéra dans ses heureuses dispositions jusqu'à la fin de son cours de médecine ; il passa ses examens d'une manière brillante ; et, muni de son diplôme de docteur, il est retourné à Saint-O..., où il a remplacé son père, à la satisfaction générale du public, qui ne s'est pas trop aperçu de la retraite du bon docteur Brioude. C'est le plus bel éloge qu'on

puisse faire de son successeur. Ajoutons
que François s'est complétement corrigé de
son défaut capital, et qu'il n'a conservé
de son indécision qu'une habitude d'examen réfléchi et une prudence peut-être
un peu exagérée chez tout autre, mais qui
est une qualité essentielle chez un médecin. »

Voilà probablement quelle eût été notre
conclusion, si les événements que nous
allons raconter sommairement n'en avaient
amené une toute différente.

On était à la veille des vacances. Les
cours publics étaient terminés, et un grand
nombre d'étudiants des diverses facultés
avaient quitté Paris pour aller passer les
vacances dans leurs familles. Les trois camarades de François étaient de ce nombre;
quant à lui, il voulait rester pour suivre
quelques cours particuliers de clinique (1)
qui se faisaient dans divers hôpitaux, et
auxquels il n'avait pu assister pendant
l'année scolaire.

(1) On appelle *clinique* l'enseignement qui se fait auprès du lit des malades.

Un jour, en rentrant à la pension, il
trouva au salon le docteur Castel, qui l'attendait. Il lui apportait des lettres de sa
mère, des pots de confitures, des fruits...,
et une petite somme d'argent *pour ses me-
nus plaisirs*. Le docteur, qui repartait le
lendemain, devait se charger des commis-
sions de François.

Notre étudiant fit à son ancienne connaissance un accueil cordial, et cependant
un peu froid d'abord. Le docteur fut
plus expansif que jamais; il refusa le
dîner que François lui offrait à la pension, sous prétexte qu'il avait une foule
de nouvelles à lui donner du pays, et
qu'ils ne pourraient causer à leur aise en
présence des autres pensionnaires. Il finit
par le décider à aller dîner avec lui au
Palais-Royal.

Pendant le repas, le docteur Castel fit
de grands compliments à François sur ses
travaux et sur ses succès, le félicitant sérieusement d'avoir embrassé la carrière de
la médecine. Il lui fit une foule de questions sur sa vie d'étudiant, sur ses habi-

tudes, sur ses délassements. Quand il eut
entendu les réponses de François, il s'écria
d'un air piteux : « Mais, mon pauvre garçon, c'est une vie bien monotone, il me
semble, que celle que vous menez là. Quoi!
jamais au spectacle, jamais au café, jamais
la moindre partie de plaisir! Ce n'était pas
ainsi que les choses se passaient de mon
temps... et même qu'elles se passent encore, je le suppose. Mais, mon cher, vous
ne menez pas là une vie d'étudiant, c'est
une vie d'anachorète. Tenez, il me vient
une idée : pendant que je suis ici, il faut
que je vous fasse connaître ce que c'est
que la véritable existence d'étudiant. Nous
allons passer la soirée à la Chaumière, et
je vous y ferai faire de bonnes connaissances. »

Comme François paraissait hésiter :
« Bah! n'allez-vous pas avoir peur? lui
dit Castel d'un air goguenard. Que diable!
vous n'êtes pas une jeune fille qui sort de
pension; vous êtes un jeune homme, de
plus un médecin futur: en cette double
qualité vous devez tout connaître, le

bien comme le mal... Après cela, vous
comprenez que cela ne vous engage à
rien ; vous serez toujours libre de vous
retirer quand vous le voudrez, et de n'y
pas retourner si cela ne vous convient
pas. En attendant, c'est un petit extra,
bien permis en vacances, quand on n'est ni
séminariste ni jeune fille sortant du Sacré-
Cœur. »

Que vous dirai-je? François sentit se
réveiller le désir de connaître au moins *de
vue* cette vie d'étudiant dont on lui avait
tant parlé; il se laissa entraîner, quoique
avec répugnance. Vingt fois il fut sur le
point de déclarer à son ami qu'il ne voulait pas l'accompagner, et jamais il n'en eut
la force. Enfin ils montent en cabriolet, et
vingt minutes après ils descendaient sur
le boulevard Montparnasse, non loin de la
barrière d'Enfer, à la porte de l'établissement si connu sous le nom de la *Grande-
Chaumière.*

François, en entrant, fut d'abord ébloui
de l'aspect féerique des bosquets de lilas,
d'acacias, d'ébéniers, éclairés par la lu-

mière d'un grand nombre de becs de
gaz, adroitement placés et déguisés sous
le feuillage des arbres, en même temps
que ses oreilles étaient charmées de l'har-
monie joyeuse d'un orchestre qui faisait
retentir l'air des motifs chorégraphiques
les plus excitants. Bientôt il se trouva au
milieu d'une foule composée d'êtres auxquels il était presque impossible de donner le nom d'hommes et de femmes, tant
ils étaient ou paraissaient étrangers aux
devoirs, aux règles, aux usages, aux
conventions de toute espèce d'association
humaine et sociale, aux plus simples
égards qu'observent entre eux les hommes
les moins bien élevés, les moins polis,
les moins civilisés. C'était un rassemble-
ment d'étudiants en droit, en médecine,
en pharmacie, de clercs, d'employés, de
commis marchands, d'échappés de collége, et enfin des femmes sans nom,
dont le dévergondage dépassait celui des
hommes (1).

(1) Hâtons-nous de dire que la Grande-Chaumière
n'existe plus. Elle est remplacée aujourd'hui par une

A cet aspect, François ne put contenir une sorte d'effroi, puis de stupéfaction. Il voulait fuir... Hélas! que n'a-t-il exécuté ce projet, il était encore temps! Mais son conducteur, s'apercevant de ce mouvement, le saisit par le bras, et l'entraîna dans le café-restaurant. Là un nouveau spectacle s'offrit à sa vue; à travers un nuage de fumée de tabac, on apercevait plusieurs rangs de tables, dont chacune était entourée de jeunes gens qui buvaient, fumaient, jouaient aux dominos, ou parlaient politique; car la politique était à cette époque l'âme des conversations des habitués de la Chaumière.

En pénétrant dans l'intérieur de la salle, ils se trouvèrent tout à coup près d'une table où un individu à barbe touffue qui lui cachait la moitié de la figure et qui retombait en cascades ondoyantes

---

fabrique. Le bruit des marteaux et les chants d'honnêtes ouvriers ont succédé aux sons enivrants de l'orchestre et aux clameurs de l'orgie. On ne saurait nier que ce ne soit du moins un progrès en morale.

jusque sur sa poitrine, pérorait d'une voix de stentor, en engageant les étudiants à je ne sais quelle manifestation politique. Il se tenait debout en ce moment; il était d'une taille élevée, d'une belle carrure, quoique légèrement voûtée; il secouait en parlant une énorme chevelure, ou plutôt une crinière inculte, surmontée d'une petite casquette, qui ne pouvait tenir sur cette tête démesurée que par un prodige d'équilibre; enfin il avait à la main une pipe monstrueuse en racine d'Ulm, qu'il brandissait comme une arme menaçante pour appuyer ses arguments et les rendre plus convaincants.

Quand cet éloquent personnage eut terminé, il se rassit, avala une chope de bière et ralluma sa pipe. Castel alors s'approcha de lui et lui tendit la main en silence, mais en faisant un certain signe maçonnique. L'autre leva les yeux aussitôt, regarda un instant le nouveau venu; puis tout à coup sa figure s'éclaircit, et, saisissant vivement la main qu'on lui tendait : « Tiens, tiens, dit-il, voilà l'ami Castel. Il y a un siècle qu'on ne t'a vu : reviens-tu de l'autre monde?

—Pas tout à fait, mon vieux; je te conterai cela; mais permets-moi auparavant de te présenter M. François Brioude, étudiant en médecine de première année. »

Puis se retournant vers François : « Monsieur Brioude, continua-t-il, j'ai l'honneur de vous présenter M. Stanislas Lourdin, le doyen des étudiants de Paris. »

Après un salut réciproque, M. Stanislas fit asseoir les arrivants à côté de lui, et de sa voix de tonnerre : « Garçon, un punch au rhum! et vivement! » commanda-t-il. Puis il se mit à causer familièrement avec ses voisins.

« Vous êtes étudiant de première année? demanda-t-il à François.

— Oui, Monsieur.

— Et moi de dixième année. Mais comment se fait-il que je ne vous connaisse pas? Vous n'êtes donc jamais venu ici?

— Jamais, Monsieur.

— Cela ne prouve pas en votre faveur. A quoi diable employez-vous donc votre temps?

— Mais, Monsieur, je travaille, je suis les cours de l'École, la clinique de Dupuytren, celle de Dubois...

— Ah! ah! ah! fameux! fameux! ricana Stanislas. Est-il simple, est-il jobard, ton jeune ami! dit-il tout bas à Castel, j'ai bonne envie de le mettre sous verre.

— Aussi te l'ai-je amené pour le déniaiser, répondit Castel sur le même ton.

— Je m'en charge, reprit l'autre en élevant la voix; c'est une éducation à faire, ça me va, et tu sais si je m'y entends. »

Pour commencer, Stanislas fit un signe, et aussitôt une vingtaine de jeunes gens vinrent faire cercle autour de sa table. « Camarades, leur dit-il, je vous ai appelés pour souhaiter la bienvenue à un nouveau membre du noble corps des étudiants, et sceller la connaissance par un toast de punch au rhum. Allons, remplissez vos verres, et à la santé de M. François Brioude ! »

Tous les verres se remplirent aussitôt, s'entre-choquèrent, et vingt voix répétèrent : « A la santé de M. François Brioude ! »

Pendant ce temps-là, François disait tout bas au docteur Castel : « Comment ! ce sont là tous des étudiants ?

— Certainement.

— C'est étonnant, je n'en ai jamais rencontré un seul à l'École.

— Ah ! répondit en souriant le docteur, c'est que probablement ils ne suivent pas les mêmes cours que vous. »

Le punch au rhum fut suivi d'un second, puis d'un troisième. On but, on chanta, on hurla ; puis, quand on sortit de ce pandémonium, les jambes de François vacillaient, sa tête était en feu, sa langue épaisse balbutiait des sons inarticulés.

« Il en a assez pour ce soir, dit Stanislas à Castel. Fais-le coucher; demain j'irai vous prendre pour déjeuner. »

Le lendemain, François dormait encore du lourd sommeil de l'ivresse, quand la voix retentissante de Stanislas vint l'arracher à cette espèce de léthargie, et lui rappeler ce qui s'était passé la veille.

C'était la première fois qu'il découchait. Sa première pensée fut une pensée de honte et de remords. Comment se présenterait-il maintenant chez M. Dubouloy? Comment supporterait-il ses reproches?

Stanislas ne lui laissa pas le temps de se livrer à ces réflexions. « Allons, allons, les huîtres sont ouvertes et le vin blanc est débouché; ne le laissons pas s'évaporer, » dit-il en prenant le bras de François et en l'entraînant dans un café du voisinage.

Castel s'y trouvait déjà avec deux des jeunes gens qui s'étaient rencontrés la veille à la Chaumière.

Le déjeuner se prolongea jusqu'au soir. Castel, qui devait partir ce jour-là, déclara qu'il remettait son voyage au surlendemain, afin de consacrer un jour de plus à ses amis.

« Bravo! s'écria Stanislas, en ce cas, tu seras des nôtres dans la démonstration politique que nous préparons pour demain?

— Certainement : de quoi s'agit-il?

— Il s'agit de présenter aux Chambres une pétition pour demander la mise en accusation des ministres : rien que ça. Tu entendras le discours que je dois prononcer ce soir dans la réunion préparatoire, et tu m'en diras des nouvelles. Modestie à part, c'est chaud, c'est tapé; les camarades me disent que c'est du Mirabeau tout pur; mais ce sont des flatteurs, seulement je conviens que ce n'est pas mal; d'ailleurs tu as pu entendre hier soir mon exorde à la Chaumière.

— Non, nous sommes arrivés à la fin.

— Eh bien, ce soir vous l'entendrez en entier, car vous êtes aussi des nôtres, monsieur François, cela va sans dire?

— Je ne sais pas si je pourrai..., répondit timidement François.

— Bah! et qui vous en empêcherait?

— Mais je craindrais de rentrer trop tard, et je ne voudrais pas découcher deux nuits de suite.

— Et quand vous découcheriez deux nuits, trois nuits, voyez le beau malheur! Est-ce que vous êtes dans un couvent, par hasard?

— A peu près, répondit en riant le docteur Castel; car il est dans la maison Dubouloy.

— La maison Dubouloy? fit Stanislas; attendez..., j'ai entendu parler de cela... C'est, je crois, rue de Vaugirard?

— Oui, reprit Castel.

— Une boutique de jésuites?

— C'est cela. » Et Castel et les autres étudiants d'éclater de rire.

François rougit jusqu'au blanc des yeux.

« Mais jamais, reprit Stanislas, il n'y a eu d'étudiants en médecine dans cette baraque. Est-ce que par hasard il y en aurait d'autres que vous?

— Non, je suis le seul; les autres sont étudiants en droit ou suivent d'autres facultés.

— Et vous, vous ne pouvez pas y rester un jour, une heure de plus. Je vous
déclare ici, en ma qualité de doyen des
étudiants et en présence de ces mes-
sieurs, que si vous aviez le malheur de
retourner chez votre Dubouloy, vous seriez montré au doigt par tous les étudiants de la Faculté, vous seriez hué en
paraissant dans un amphithéâtre quelconque, et bientôt forcé d'abandonner
l'École. Maintenant peut-être êtes-vous
embarrassé de la manière dont vous devez le quitter. Rien de plus facile. Castel
va retourner dans votre pays; il arran-
gera la chose avec madame votre mère,
qui est, dit-on, une bonne pâte de femme,
et qui fera entendre raison au papa, s'il
s'avisait de faire le récalcitrant. D'ailleurs
il est facile de leur démontrer qu'avec la
somme qu'ils dépensent pour votre pension vous auriez ici une chambre fort
jolie, de quoi vous nourrir convenablement; et il vous resterait encore une
somme assez rondelette pour vos menues
dépenses. Je me charge, moi, de vous

trouver un logement charmant, où vous serez admirablement, libre comme l'air, découchant quand il vous plaira, et recevant chez vous qui bon vous semble. Allons, ça vous va-t-il? C'est une affaire réglée.

— Vous me permettrez bien de réfléchir un peu? répondit François.

— Certainement, rien de plus juste; vous avez jusqu'à demain pour réfléchir. En attendant, nous allons nous rendre à notre réunion. Encore un mot avant de partir : Rappelez-vous, monsieur Brioude, que si vous voulez vous comporter convenablement, il faut vous laisser diriger par les anciens. Ensuite ne croyez pas, par ce que vous avez vu depuis hier, que nous passions tout notre temps dans les jeux et les plaisirs : non, nous nous occupons de choses sérieuses; seulement nous les entremêlons de quelques joyeusetés par forme de délassement. Ainsi, nous avons dans ce moment-ci une grande mission à remplir : c'est de veiller au salut de la patrie... Ne riez pas, c'est très-sérieux

ce que je vous dis là. C'est à nous qu'est
confié le drapeau des Écoles, et nous
devons le porter d'une main haute et
ferme. N'oubliez pas que nous sommes
citoyens avant d'être étudiants. Il y a dix
ans nous avons renversé Charles X, et
nous pourrions bien en faire autant à
Louis-Philippe, s'il ne marche pas dans le
droit chemin. »

Il continua encore pendant quelque
temps sur ce ton, en entassant pêle-
mêle des phrases de ce genre, détachées
probablement de son fameux discours.
Bref, il entraîna François à la grande
réunion, qui, commencée sous la forme
d'un club, se termina en une véritable
orgie. . . . .
. . . .
. . . .

Nous n'avons pas le courage de poursuivre plus loin ces détails. Nous dirons
seulement que François, une fois lancé
sur la pente du mal, essaya vainement
de résister. Il éprouva bien des remords,

il eut bien souvent des velléités de revenir au bien ; il fut tourmenté par bien des indécisions, il remit maintes fois au lendemain à secouer un joug qui parfois le fatiguait, et toujours il se laissait entraîner sur la pente fatale, jusqu'à ce qu'il fût tombé au fond de l'abîme.

Sa mère eut la faiblesse de lui envoyer de l'argent pour devenir *étudiant libre;* il évita avec soin la rencontre de M. Dubouloy et de ses anciens amis, qui, après avoir fait quelques vaines tentatives pour le ramener, l'abandonnèrent à son sort.

Que dirai-je de plus? Il marcha dignement sur les traces de son patron Stanislas. Il devint bientôt un pilier d'estaminet et un orateur de club; il fut même compromis deux ou trois fois dans les affaires politiques et dans des tapages nocturnes.

Après six à sept ans de séjour à Paris, pendant lesquels il n'avait pris d'inscription que celle de la première année, et en revanche considérablement écorné sa fortune, il fut obligé de retourner à Saint-

O..., parce que sa mère ne pouvait plus
fournir à sa dépense.

Quand il arriva, son père venait de
mourir par suite du chagrin que lui causait
la conduite de son fils.

Les paysans, s'imaginant que François
devait nécessairement remplacer son père,
s'empressèrent de s'adresser à lui en
toute confiance. N'osant pas avouer qu'il
n'avait aucun titre pour exercer la médecine, il se permit de donner quelques
consultations et de faire quelques visites;
mais bientôt il fut dénoncé au parquet du
procureur du roi, poursuivi et condamné
pour exercice illégal de la médecine.

Cette dénonciation était l'œuvre de son
ami Castel.

Si elle acheva de perdre François dans
l'opinion publique, elle ne profita pas
au dénonciateur, qui fut peu de temps
après forcé de quitter le pays. Un jeune
médecin des environs vint s'établir à
Saint-O..., et réunit bientôt toute la
clientèle du père Brioude.

Quant au pauvre François, il ne de-

vait que trop cruellement expier les indécisions de son caractère. A charge à
lui-même et aux autres, faisant le désespoir d'une mère trop complaisante, il
ne savait quel moyen employer pour tuer
le temps. Forcé par l'exiguïté de sa fortune à vivre dans un village, incapable
de se livrer à aucune occupation sérieuse,
ayant perdu l'habitude du travail, il pas-
sait son temps à se promener, à jouer et
à trôner dans le principal café de l'endroit, où il pérorait au milieu de quelques
jeunes gens qui l'écoutaient avidement
commenter les journaux, et répéter quel-
ques-unes des phrases ronflantes qu'il
débitait dans les clubs en compagnie de
son ami Stanislas.

Cette existence désœuvrée, où les facultés s'éteignent, où l'esprit se racornit
en quelque sorte, sembla bientôt le vieillir
avant le temps. Parfois cependant, en son-
geant que ses anciens camarades d'études
avaient tous fait leur chemin, qu'Alphonse
était attaché d'ambassade, Maxime avocat
distingué du barreau de Poitiers, Henri

auditeur au conseil d'État, il se rappelait son heureux temps du collége et surtout l'année passée à la pension Dubouloy, comme Adam après sa chute devait se souvenir du paradis terrestre, et il se disait en soupirant avec douleur : Et moi aussi je devrais occuper une position honorable dans le monde, et moi aussi j'aurais dû me faire un nom par mes talents; et voilà que de tant d'études, de tant d'années perdues, de tant d'argent dépensé, il ne me reste rien!... absolument rien!... Ah! je me trompe, se reprenait-il avec une amère ironie, j'ai acquis la réputation de premier joueur de billard du canton de Saint-O...! C'est parfait, et je ne sais pas en vérité de quoi je puis me plaindre! Et il se livrait à un rire sardonique pareil à celui de l'ange déchu quand il contemple le sort des bienheureux.

FIN

TABLE

7478. — TOURS, IMPR. MAME

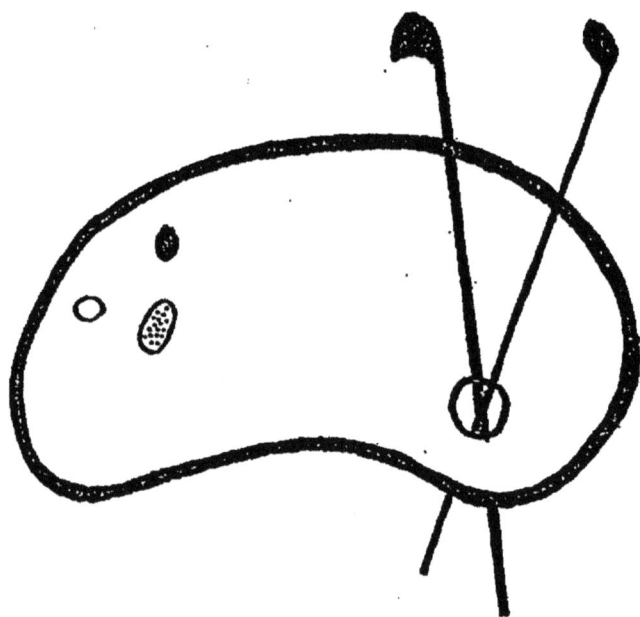

ORIGINAL EN COULEUR
NF Z 43-120-8